IBC対訳ライブラリー

**英語で読む
オリエント急行殺人事件**
Murder on the Orient Express

アガサ・クリスティー 原著
ニーナ・ウェグナー 英文リライト
宇野葉子 日本語訳
出水田隆文 英語解説

Murder on the Orient Express
Copyright © 1934 Agatha Christie Limited. All rights reserved.

AGATHA CHRISTIE, MURDER ON THE ORIENT EXPRESS,
POIROT and the Agatha Christie Signature are registered trade
marks of Agatha Christie Limited in the UK and/or elsewhere.
All rights reserved.

Published 2015 in Japan by IBC Publishing

Textbook rights arranged with Agatha Christie Limited through
Timo Associates, Inc.

カバー写真 =(左から)John Warburton-Lee, SIME, HEMIS/アフロ
ナレーション = Carolyn Miller

本書の英語テキストは、弊社から刊行されたラダーシリーズ
『Murder on The Orient Express　オリエント急行殺人事件』から転載しています。

まえがき

　"ミステリの女王"、アガサ・クリスティーの偉大さを具体的な数字で示すと、世界中で発行された総発行部数はなんと20億冊に達し、これは聖書やシェイクスピアに匹敵するそうです（クリスティー生誕百年委員会の1990年の発表）。さらにより客観的な数字を出すと、ユネスコが1979年より調査している世界中での翻訳出版の統計結果（Index Translationum）では、クリスティーが圧倒的な世界一で（7,233件）、二位のジュール・ベルヌや三位のシェイクスピアを大きく引き離しています。クリスティーが地球上で最も愛されている作家であることは間違いないと言えるでしょう。

　ではクリスティーの魅力とは、どのような点にあるのでしょうか？端的に言ってしまえば、謎解きの面白さと小説の魅力が一つの作品に凝縮されていること。つまり名探偵ポアロやミス・マープルの披露する見事な謎解きに驚嘆し、物語中の登場人物の会話や行動も大いに楽しめるのです。その上、ミステリ史上に輝く『アクロイド殺し』や『オリエント急行殺人事件』、『そして誰もいなくなった』以外にも数多くの傑作を発表しています。彼女のミステリに一度でも惹かれた読者は、結局は全巻読破を目指してしまうのです。

　ノーベル賞作家大江健三郎氏は、十代の頃英語の勉強を兼ねてクリスティーの原書を読んでいたそうです。彼女の原書に触れれば、一石二鳥、楽しみつつ勉強ができるのだから、若い人がこの手を逃がすのはもったいないと思います。

クリスティ・ファンクラブ会長
数藤康雄

もくじ

まえがき 3
アガサ・クリスティーについて 7

Part 1 13

Chapter 1　The Taurus Express 14
第1章　タウルス急行 15

Chapter 2　The Hotel Tokatlian 20
第2章　トカトリアン・ホテル 21

Chapter 3　Poirot Refuses 26
第3章　ポアロ、依頼を断る 27

Chapter 4　A Cry in the Night 34
第4章　深夜の叫び 35

Chapter 5　The Crime 40
第5章　犯行 41

Chapter 6　A Woman? 50
第6章　女？ 51

Chapter 7　The Body 56
第7章　死体 57

Chapter 8　The Armstrong Case 66
第8章　アームストロング誘拐事件 67

　●覚えておきたい英語表現 70

Part 2 73

Chapter 1	The Wagon Lit Conductor 74
第1章	車掌の証言 75

Chapter 2	The Secretary 80
第2章	秘書の証言 81

Chapter 3	The Valet 86
第3章	従者の証言 87

Chapter 4	The American Lady 92
第4章	アメリカ人女性の証言 93

Chapter 5	The Swedish Lady 100
第5章	スウェーデン人女性の証言 101

Chapter 6	The Russian Princess 104
第6章	ロシアの公爵夫人の証言 105

Chapter 7	Count and Countess Andrenyi ... 112
第7章	アンドレニ伯爵夫妻の証言 113

●覚えておきたい英語表現 118

Chapter 8	The Colonel 120
第8章	アーバスノット大佐の証言 121

Chapter 9	Mr. Hardman 126
第9章	ハードマン氏の証言 127

Chapter 10	The Italian 134
第10章	イタリア人の証言 135

Chapter 11	Miss Debenham 140
第11章	デベナム嬢の証言 141

Chapter 12 Hildegarde Schmidt 144
第 12 章　ドイツ人メイドの証言 145

Chapter 13 Summary of the Passengers' Evidence 152
第 13 章　乗客の証言のまとめ 153

Chapter 14 The Weapon 158
第 14 章　凶器 159

Chapter 15 The Luggage 164
第 15 章　乗客の荷物 165

●覚えておきたい英語表現 172

Part 3 175

Chapter 1 Certain Points 176
第 1 章　疑問点 177

Chapter 2 The Dirty Spot 184
第 2 章　パスポートのしみ 185

Chapter 3 Princess Dragomiroff's Name 190
第 3 章　公爵夫人のファーストネーム 191

Chapter 4 The Truth about Mary Debenham 194
第 4 章　メアリ・デベナムの身元 195

Chapter 5 Two Solutions 198
第 5 章　ふたつの解決法 199

●覚えておきたい英語表現 220

アガサ・クリスティーについて

　「ミステリの世界」行き、オリエント急行へようこそ！皆様を素敵な旅へ誘うのは、「ミステリの女王」ことアガサ・クリスティーです。クリスティーの代表作の一つを英語で楽しんでみましょう。

　後世の推理小説のみならず、文学全体に大きく影響を与えたアガサ・クリスティーとはどんな人物だったのでしょうか。

〈幼少期〉
　アガサ・メアリー・クラリッサ・ミラー（Agatha Mary Clarissa Miller）は、1890年イギリスのデヴォン州で、裕福な家庭の4番目の子供として生まれました。母クララは独特の価値観を持った人で、上の3人の子供は寄宿制の学校に通わせ正規の教育を受けさせたにも関わらず、アガサだけは家で教育を受けるべきだと考え、小さい頃は学校には通わせませんでした。神秘主義的な信念を持っていた母の影響か、子供たちは母クララが「千里眼を持っている」と信じていたようです。かなり個性的な母親であったようです。

　両親はアガサに読み書きと基本的な算数、そして音楽を教えました。ただ文字に関しては母クララの信念で学習開始が遅らせられたため、字を書けるようになるのが遅かったそうです。歴史に名を刻むことになる大作家としては意外なエピソードです。

　風変わりな教育を受けたアガサでしたが、幼少期のことは「生涯でもっとも幸福だった時期の一つ」と述べています。他の兄弟とは離れて一人で過ごす時間が多かった分、自然に親しみ動物を可愛がったりして様々な感性を養いました。またかなりの読書家だったらしく、多くの本を読みました。皆さんもご存知のLewis Carrollもアガサのお気に入りの作家でした。アガサの多彩なトリックの原点は、幼少期の独特で豊かな経験にあるのかもしれません。

11歳の時に父親が病気で亡くなると、一家の状況は一変します。アガサは後年「（父の死が）子供時代に終わりを告げた」と述べています。アガサは12歳の時、正規の教育を受けるべく学校に入学しましたが、規律などになじめず学校を変わるなどし、最終的にはパリの礼儀作法などを教える私学校で学校教育を終えました。

〈作家デビュー〉

　1910年20歳でイギリスに戻ったアガサは、創作活動を行っていましたが最初の小説がどの出版社からも断られるなど、なかなか評価されませんでした。1914年にアーチボールド・クリスティーと結婚し、クリスティー姓を名乗り始めます。1919年に娘ロザリンドを授かるなど充実した人生を送り始めたアガサに、いよいよ大きな転機がやってきました。

　長い間コナン・ドイルのファンでもあったアガサは1920年、自身初の推理小説『スタイルズ荘の怪事件』を執筆しました。主人公エルキュール・ポアロが初登場するこの小説で、アガサは推理作家としてデビューします。スタイルズ荘のヒットに続き、次々と作品を世に送り出し名声を獲得していきました。

〈**離婚と再婚、そして大作家へ**〉

　アガサとアーチボールドは1928年に離婚しましたが、既に作家として活躍していたアガサは離婚後も作家名としてクリスティー姓を名乗り続けます。そして1930年考古学者であるマックス・マローワンと再婚しました。マックスとともに発掘現場にも足を運ぶようになります。

　若い頃から中東などに旅行する機会が多かったアガサは、作品の設定に自身の旅行経験を反映させました。アガサの作品を読むことは、そのままアガサの足跡を辿る旅でもあると言えるでしょう。『オリエント急行殺人事件』も、アガサ自身が乗車したオリエント急行を舞台にしています。読者自身もまるでオリエント急行に乗り合わせている

かのような気分を味わえる、臨場感に満ちた描写はアガサの卓越した観察眼と表現力だからこそなせる技です。当時は現在ほど気軽に安く外国旅行ができる時代ではなく、寝台特急も庶民にとっては高嶺の花でしたから多くの人がこの小説で疑似旅行体験を楽しんだことでしょう。

　エルキュール・ポアロやミス・マープルなど個性豊かな主人公たちを次々と生み出したアガサは、生涯で66の推理小説と14の短編集を世に送り出しました。またメアリー・ウェストマコットという名義で恋愛小説を6本書いており、『オリエント急行』でもその才能の一端を垣間見ることができます。

　1971年、文学界へ多大な貢献を果たしたことを評価され、女王エリザベスⅡ世からDame（大英帝国勲位）を授与されます。Dameは男性のSirに相当します。夫マックスも考古学への貢献からSirを授与されていましたので、夫婦ともに勲位を得た数少ない例の一つです。その5年後、1976年1月12日にアガサは85歳の生涯を閉じました。

〈数字で見る大作家アガサ〉

　アガサの作品は全世界で少なくとも103の言語に翻訳されています。そして今までにおよそ20億部が発行され、シェイクスピアと聖書に次いで世界で3番目に多く出版されたと見積もられています（前書き参照）。代表作の一つ And Then There Were None『そして誰もいなくなった』は約1億部が売れ、世界で最も売れた推理小説です。

　ちなみに彼女は劇も作っており、"The Mousetrap"『ねずみとり』という戯曲はロンドンで1952年から上演が続いています。2015年までの上演回数はなんと2万5000回を超え、世界で最も長い連続上演記録を誇っています。

〈アガサ・クリスティー文学の魅力〉

　それまでの推理小説は、コナン・ドイルのシャーロック・ホームズに代表されるように、現場に残された証拠を元に理詰めで真犯人に迫っていくものがほとんどでした。それに対しアガサの小説は、登場人物の犯罪動機を読み解いていくことで犯人に迫っていくのが特徴です。細やかな心情面の読み取りを元にした推理の展開は、女性ならではと言えるでしょう。

　ポアロやミス・マープルなど、一見凄腕の探偵にはとても見えない人間味溢れる主人公が容疑者一人一人に事情聴取をして、最後に全員を一箇所に集めて推理を披露し真犯人を突き止めていく手法はアガサが好んで用いたパターンです。

　型にはめない教育方針だった母の影響か、アガサの作品はそれまでの常識を覆すような、読者をあっと言わせるトリックや真犯人ばかりです。時としてその手法が論争の的になることもありましたが、それだけ彼女の作品には影響力があった証拠と言えるでしょう。

　推理小説はそのトリックばかりが注目されがちですが、上述のようにアガサの作品は人物の心理描写が大きな魅力の一つです。何気ない言葉や動作から、人物の心理を英語ならではの表現で読み取れば面白みが一層増します。ヨーロッパ大陸を横断し、未知なる国々につながっていた高級寝台列車に個性豊かな乗客たちと名探偵ポアロが乗り合わせたのですから、誰もがワクワクしてしまいます。

　さあ、それではいよいよ「オリエント急行」が出発します！　エキゾチックでミステリアスな旅をじっくりお楽しみください！

出水田隆文

本書の構成

本書は、

- 英日対訳による本文
- 覚えておきたい英語表現
- 欄外の語注
- MP3形式の英文音声

で構成されています。

本書は、アガサ・クリスティーのミステリ小説『オリエント急行の殺人事件』をやさしい英語で書きあらためた本文に、日本語訳をつけました。

各ページの下部には、英語を読み進める上で助けとなるよう単語・熟語の意味が掲載されています。また英日の段落のはじまりが対応していますので、日本語を読んで英語を確認するという読み方もスムーズにできるようになっています。またストーリーの途中に英語解説がありますので、本文を楽しみながら、英語の使い方などをチェックしていただくのに最適です。

付属のCD-ROMについて

本書に付属のCD-ROMに収録されている音声は、パソコンや携帯音楽プレーヤーなどで再生することができるMP3ファイル形式です。一般的な音楽CDプレーヤーでは再生できませんので、ご注意ください。

■音声ファイルについて

付属のCD-ROMには、本書の英語パートの朗読音声が収録されています。本文左ページに出てくるヘッドホンマーク内の数字とファイル名の数字がそれぞれ対応しています。

パソコンや携帯プレーヤーで、お好きな箇所を繰り返し聴いていただくことで、発音のチェックだけでなく、英語で物語を理解する力が自然に身に付きます。

■音声ファイルの利用方法について

CD-ROMをパソコンのCD/DVDドライブに入れて、iTunesなどの音楽再生（管理）ソフトにCD-ROM上の音声ファイルを取り込んでご利用ください。

■パソコンの音楽再生ソフトへの取り込みについて

パソコンにMP3形式の音声ファイルを再生できるアプリケーションがインストールされていることをご確認ください。

CD-ROMをパソコンのCD/DVDドライブに入れても、多くの場合音楽再生ソフトは自動的に起動しません。ご自分でアプリケーションを直接起動して、「ファイル」メニューから「ライブラリに追加」したり、再生ソフトのウインドウ上にファイルをマウスでドラッグ＆ドロップするなどして取り込んでください。

音楽再生ソフトの詳しい操作方法や、携帯音楽プレーヤーへのファイルの転送方法については、ソフトやプレーヤーに付属のマニュアルで確認するか、アプリケーションの開発元にお問い合わせください。

Murder on the Orient Express

Part 1

Chapter 1
The Taurus Express

Hercule Poirot stood on the train platform in Aleppo, Syria, in the freezing cold. He had been in Syria to conduct a private investigation. Now that he was finished, he was on his way home to England by land. The Taurus Express, the train that would take him to Istanbul, was set to depart in five minutes.

Poirot boarded the train and the conductor showed him to his sleeping compartment.

"I suppose there aren't many people traveling in this weather," observed Poirot.

"No, sir," said the conductor. "We only have two other passengers—both English. A colonel traveling from India and a governess from Baghdad."

The train was warm, and Poirot was tired. He immediately fell asleep.

■conduct 動（調査などを）行う ■investigation 名捜査 ■depart 動出発する
■compartment 名（列車の）客室 ■colonel 名大佐 ■governess 名女性家庭教師

第1章
タウルス急行

　エルキュール・ポアロは凍える寒さのなか、シリアのアレッポ駅のホームに立っていた。シリアで内密の捜査をしていたのだ。仕事が終わり、陸路でイギリスに帰国する途中だった。イスタンブール行のタウルス急行の出発まであと5分だった。

　ポアロが列車に乗り込むと、車掌が寝台車の部屋に案内してくれた。

「こんな天気では乗客はたいして多くないだろうね」ポアロが言った。

「はい」車掌が答えた。「ほかにおふたりだけです——どちらもイギリスの方です。インドから来られた大佐とバグダッドから来られた女性の家庭教師です」
　列車のなかは暖かく、ポアロは疲れていたので、たちまち眠りについた。

Poirot woke at around 9:30 a.m. and went to the dining car for coffee. A young woman was there, eating her breakfast. She was slender and pretty, with dark hair. She looked to be in her late twenties.

In a few minutes, a tall man about forty years old entered. He bowed to the young woman.

"Good morning, Miss Debenham," he said. "May I join you?"

"Please, sit down."

The colonel and the lady both noticed Poirot but did not greet him.

Poirot saw them again at lunch and amused himself by listening to them without appearing to be paying attention. It was clear to Poirot that the colonel had feelings for the lady but was trying to hide them.

"Ah, train travel," thought Poirot. "It is a dangerously romantic thing."

■in one's late twenties 20代後半で　■notice 動気がつく　■amuse oneself by 〜で楽しむ　■without appearing to 〜と思われることなく　■have feelings for 〜が好きだ

ポアロは翌朝9時半に起きると、食堂車にコーヒーを飲みに行った。若い女性が先にいて、朝食を取っていた。女性はほっそりとして美しく、黒髪だった。20代後半のように見受けられた。

　数分後、40歳ほどの長身の男性が入って来て、若い女性にお辞儀をした。

「おはようございます、デベナムさん」男性が言った。「ごいっしょしてよろしいですか？」
「どうぞ、おかけになって」
　大佐と女性はポアロがいることに気づいたが、挨拶をしなかった。

　ポアロは昼食のときにもふたりを見かけ、関心のないふりをしつつふたりの会話に耳を傾けて楽しんだ。ポアロの目には、大佐が女性に好意を抱いているのにそれを隠そうとしていることは明らかだった。

「ああ、列車の旅か」ポアロは思った。「ちょっと危険なロマンスの香りがするな」

That night they arrived in Konya. The two English passengers went out to the platform for fresh air. Thinking it was a good idea, Poirot followed. He was just coming upon the two of them when he heard Arbuthnot speaking.

"Mary, I wish you were out of all this—"

"Not now," she interrupted. "When it's all over. When it's behind us, then—"

Poirot turned away.

"Curious," he thought as he walked away.

The next evening, they arrived in Istanbul. Poirot was tired from the journey and went straight to the Hotel Tokatlian without seeing any more of the other two passengers.

■come upon（偶然に）出くわす ■interrupt 動（言葉などを）さえぎる ■turn away 背を向ける ■curious 形 興味をかきたてる ■go straight to ～に直行する

その晩、列車はコンヤ駅に着いた。ふたりのイギリス人乗客は新鮮な空気を吸いにホームに降りた。それもいい考えだと思い、ポアロも降りた。ふたりのそばに近づくと、アーバスノット大佐の声が聞こえた。

「メアリ、きみをこんなことに巻き込まなければ——」
「いまはおっしゃらないで」彼女がさえぎった。「すべてがすんでから。何もかも片づいたら、そのときは——」
　ポアロはそっと引き返した。
「変だな」と、歩きながら考えた。
　次の日の夕方、イスタンブールに到着した。ポアロは旅で疲れていたのでトカトリアン・ホテルに直行し、ほかのふたりの乗客とは、それっきり顔を合わせることもなかった。

Chapter 2
The Hotel Tokatlian

When Poirot arrived at the hotel, he was surprised to find a telegram for him from England. It said he was needed in a case. He had to return to England as soon as possible.

Poirot was disappointed. He had planned to stay several days in Istanbul to see the sights, but he would have to leave immediately. He asked the front desk if there were any tickets available on the Orient Express—the train that would take him to England.

"Yes, sir," said the man at the desk. "Nobody travels this time of year. There should be plenty of space. The train leaves at nine o'clock."

Poirot glanced at his watch. It was eight. At least he would have some time for dinner.

Just as he sat down in the restaurant, Poirot felt a hand on his shoulder.

■telegram 名電報　■case 名事件　■see the sights 観光する　■this time of year この季節　■glance 動ちらりと見る

第2章
トカトリアン・ホテル

　ポアロがホテルに到着すると、驚いたことにイギリスから電報が届いていた。事件が起こったので来てほしいということだった。すぐにイギリスに戻らなければならなくなった。

　ポアロはがっかりした。イスタンブールに数日滞在して観光しようと計画していたのに、すぐに出発しなくてはならなかった。フロント係にオリエント急行の切符を取ってもらいたいと頼んだ──イギリスまで行く列車のことだ。

「かしこまりました」フロント係が答えた。「こんな季節には、どなたさまも旅をなさいませんから。きっと、がら空きでございますよ。列車は今夜の9時に発車いたします」

　ポアロが時計に目をやると、8時だった。少なくとも夕食を食べる時間はある。

　レストランで腰かけたとたんに、誰かが肩に手を置いた。

"My old friend!" cried a voice behind him.

It was Mr. Bouc, the director of the International Company of Wagons Lits. He was Belgian, like Poirot, and they had known each other years ago when Poirot was still working for the Belgian Police.

"Bouc!" Poirot cried. "How wonderful to see you!"

Poirot explained he had just bought a train ticket to England.

"We shall travel together!" said Bouc.

As the two friends ate dinner and talked of old times, Poirot looked around the restaurant. Two men seated together caught his attention: one about thirty years old and one about sixty. Both seemed to be American. The young one looked pleasant, but the older man had an evil look to his eyes. It bothered Poirot.

After dinner, Poirot and Bouc went to the train and discovered—to their shock—that it was completely full.

"Impossible!" cried Bouc. "Is there some party or event I don't know about?"

■old friend 昔なじみ ■wagon lit 寝台車 ■talk of ～のことを話す ■bother 動 ～にいやな思いをさせる ■to one's shock 驚いたことに

「やあ、友よ！」うしろの声が叫んだ。

ブーク氏だった。国際寝台車会社の重役だ。ポアロと同じくベルギー人で、ポアロが何年も前まだベルギー警察に務めていたころからの友人だ。

「ブーク！」ポアロが叫んだ。「こんなところで会えるなんて奇遇ですな！」

ポアロはイギリス行の切符を買ったところだと説明した。

「それでは、いっしょに旅ができますね」ブークが言った。

ポアロは友人と夕食を食べ、昔のことをしゃべりながら、レストランを見回した。席についているふたりの男がポアロの注意を引いた。ひとりは30歳くらいで、もうひとりは60歳くらい。どちらもアメリカ人のようだ。若いほうの男は感じが良かったが、年配の男は邪悪な目つきをしていた。ポアロはそれが気になった。

夕食後、ポアロとブークは列車まで足を運んだが——驚いたことに——列車は満室だった。

「あり得ない！」ブークが叫んだ。「団体客か、それともわたしの知らない行事でもあるのか？」

"No, sir," said the conductor. "Many people just happened to be traveling tonight."

"Well, you must find room for this gentleman," said Bouc. "He is my friend."

After some work, the conductor found a room, the No. 7, that could be shared with the occupying passenger.

Poirot was led to room No 7. Inside was the young American he had seen at the restaurant.

"I'm very sorry, sir," said Bouc to the surprised American. "There are no other seats. I'm afraid you'll have to share with Mr. Poirot."

With that, Bouc walked out.

"I'm lucky to be friends with the director of the train company!" thought Poirot.

Repeating that he was sorry, Poirot introduced himself. The American introduced himself as MacQueen and shook Poirot's hand. Just then, the whistle blew, and they were off.

■just happen to たまたま〜する　■occupy 動 (場所などを) 使用する　■I'm afraid 〜.
すみませんが〜です。　■walk out 歩き去る　■be off 走り出す

「いいえ、そうではありません」車掌が答えた。「今夜は、たまたま多くの方がご旅行されているようです」

「では、こちらの紳士に席を取ってくれたまえ」ブークが命じた。「わたしの友人だ」

なんとかして、車掌は部屋を見つけた。部屋は7号室で、ふたり部屋だった。

ポアロが7号室に案内されると、なかには先ほどレストランで見かけた若いアメリカ人がいた。

「申し訳ありませんね」ブークは、当惑しているアメリカ人に言った。「ほかに席がないのです。すみませんがポアロ氏にここを使っていただくことになりました」

そう言うと、ブークは歩き去った。

「鉄道会社の重役が友人とは、幸運なことだ!」ポアロは思った。

何度もあやまりながら、ポアロは自己紹介した。アメリカ人はマックィーンと名乗り、ポアロと握手した。ちょうどそのとき、汽笛が鳴り、列車が発車した。

Chapter 3
Poirot Refuses

Poirot met Bouc in the dining car for lunch the next day. The food on the train was very good, and after Poirot had finished, he leaned back to enjoy his full feeling.

"The train is a very romantic way to travel, don't you think?" said Bouc. "It brings together all kinds of people—people of all countries, all classes, all ages."

Bouc was right. Poirot took a moment to study the other passengers on the Orient Express.

At one table sat three men. One was a large Italian man, another was a neat Englishman who wore glasses, and the other was an American wearing a brown suit. The American and Italian were talking about business, and the Englishman was quietly looking out the window.

■refuse 動 ～を断る ■lean back 後ろにもたれる ■full feeling 満腹感 ■take a moment to 時間をかけて～する ■study 動 観察する

第3章
ポアロ、依頼を断る

　次の日、ポアロとブークは食堂車で会って昼食を取った。列車の食事はご馳走だった。食事が終わると、ポアロは椅子にもたれて満腹感を味わった。
　「列車の旅はとてもロマンティックだと思いませんか？」ブークが尋ねた。「列車にはあらゆる種類の人々——あらゆる国籍、あらゆる階級、あらゆる年齢の人たちが、一堂に会します」
　ブークの言う通りだった。ポアロはしばらくのあいだ、オリエント急行のほかの乗客を観察した。
　ひとつのテーブルには3人の男が座っていた。ひとりは大柄なイタリア人、ふたり目は眼鏡をかけたきちんとした身なりのイギリス人、あとひとりは茶色いスーツを着たアメリカ人。アメリカ人とイタリア人は仕事の話をしていて、イギリス人は黙って窓の外を眺めていた。

At the next table was one of the ugliest old ladies he had ever seen. She was covered in jewels and wore a beautiful fur coat.

"That is Princess Dragomiroff," said Bouc in a low tone. "She is Russian and very rich."

At another table Mary Debenham was sitting with two women. One was a tall woman with pale hair. She wore cheap clothes and her long face looked rather like a sheep's. The other woman was an older, healthy-looking American who had been talking for a long time about her daughter.

At the next table, Colonel Arbuthnot was sitting alone. At the back of the dining car was a woman dressed all in black. Next to her was a handsome couple laughing together—a man about thirty with broad shoulders, and a beautiful girl dressed in the latest fashion.

"She is pretty," said Poirot. "Are they husband and wife?"

"Yes, from the Hungarian Embassy, I believe," said Bouc.

■ugliest 形ugly（醜い）の最上級　■be covered in ～でおおわれている　■pale 形色がうすい　■rather like ～に似ている　■dressed all in black 黒ずくめの服装をしている　■embassy 名大使館　■I believe たしか～だ

その隣のテーブルには見たこともないような醜い老婦人が座っていた。宝石に身を包み、美しい毛皮のコートを着ている。

「あちらはドラゴミロフ公爵夫人です」ブークが低くささやいた。「ロシア人の富豪です」
　別のテーブルにはメアリ・デベナムがふたりの女性と座っていた。ひとりは背が高く、色あせた金髪で、安物の服を着ていた。長い顔は羊のようだった。もうひとりは年配の、健康そうなアメリカ人で、ずっと娘のことばかり話していた。

　その隣には、アーバスノット大佐がひとりで座っていた。食堂車の後方には、黒い服を着た女性がひとり。その隣のテーブルでは美しいふたり連れが笑い合っていた——たくましい肩をした30歳ほどの男性と、最新流行の服を着た美しい娘。

「きれいな方ですね」ポアロが言った。「ご夫婦でしょうか？」
「そうです。たしか、ハンガリー大使夫妻です」ブークが答えた。

The last two people in the dining car were the young American, MacQueen, and the evil-looking Mr. Ratchett. MacQueen had told Poirot last night that he was Ratchett's secretary.

Table by table, the dining car emptied. Soon, Poirot, Ratchett, and MacQueen were the only ones left. Ratchett said something to MacQueen, who got up and left the car. Then to Poirot's surprise, Ratchett came and sat at his table.

"My name is Ratchett," he said. "I believe you are Mr. Hercule Poirot."

Poirot bowed slightly.

"I know your work, Mr. Poirot," said Ratchett, "and I have a job for you."

"I'm afraid that I take very few cases these days," said Poirot.

"But this is for big money," he said. "*Big* money. I am a very rich man, and men in that position have enemies."

Poirot was silent.

■evil-looking 形人相の悪い ■secretary 名秘書 ■A by A Aごとに ■slightly 副わずかに ■work 名職業、業績 ■very few ほとんどない ■enemy 名敵

食堂車にはあとふたりの客がいた。若いアメリカ人のマックィーンと邪悪な顔のラチェット氏だ。昨夜、ポアロはマックィーンからラチェットの秘書をしていると聞いていた。

　テーブルごとに食堂車から乗客が出て行った。そのうち、残っているのはポアロ、ラチェット、マックィーンだけになった。ラチェットがマックィーンに何かささやくと、彼は立ち上がって出て行った。そのあと、驚いたことに、ラチェットがポアロのテーブルにやって来て腰かけた。
「わしはラチェットという者だ」彼が言った。「たしかあんたはエルキュール・ポアロさんとお見受けするが」
　ポアロは軽くお辞儀をした。
「あんたは探偵だな、ポアロさん」ラチェットが言った。「やってもらいたい仕事がある」
「残念ですが、最近はほとんど仕事をお引き受けしておりません」ポアロが答えた。
「しかし、お礼はたっぷりはずみますぞ」彼は言った。「たっぷりですぞ。わしは大金持ちだ。そういう立場にいる者には敵も多い」
　ポアロは黙っていた。

"My life has been threatened, Mr. Poirot. Now, I'm a man who can take care of himself." From his coat pocket Ratchett pulled out a gun and showed it for a moment. He continued, "But it's wise to be sure about one's safety. I think you can help me."

Poirot studied the man's small, evil eyes.

"I'm afraid that I cannot help you," he finally said.

"I'll pay whatever you want," said Ratchett.

Poirot stood up.

"You don't understand. It's not about money. I simply do not like you."

With that, Poirot walked out of the dining car.

■threatened 形危険におびやかされている　■take care of oneself 自分で自分の身を守る　■pull out 取り出す　■be sure about 〜に確信を持っている　■whatever 代〜するならなんでも

「命を狙われているのだよ、ポアロさん。もちろん、自分の身を守ることはできるがね」ラチェットは上着のポケットからピストルを取り出し、ちらっと見せた。「だが、用心に越したことはない。そこで、あんたに護衛してもらいたいわけだ」

ポアロは男の邪悪な小さな目をじっと見つめた。
「残念ですがお引き受けできませんな」ポアロがようやく口を開いた。
「礼はいくらでもすると言っているのだぞ」ラチェットが言った。
ポアロは立ち上がった。
「おわかりになっていないようですな。金の問題ではないのです。ただ、あなたが気に食わないだけなのです」
そう答えると、ポアロは食堂車から出て行った。

Chapter 4
A Cry in the Night

The Orient Express pulled into Belgrade station at 8:30 p.m. and would not depart until 9:15. Poirot took the moment to stretch his legs. Outside, the conductor was getting some exercise also. He stopped to talk to Poirot.

"The extra sleeping car from Athens has been added to the train. Mr. Bouc has moved to it, and we will move you into his old room," he said.

Poirot thanked the conductor and went to thank Bouc.

"I'm sorry to cause such trouble," said Poirot.

"Not at all! I'm very happy here. This car is peaceful. There's only me and one Greek doctor."

Poirot discovered that his new room was next to Mr. Ratchett's, and beyond was the room of the old American woman, Mrs. Hubbard. She was in the hall talking with the Swedish lady.

■pull into（電車が）駅に入る　■extra 形 追加の　■not at all とんでもありません
■Greek 形 ギリシャ人の　■beyond 名 向こう

第4章
深夜の叫び

　オリエント急行は午後8時30分にベオグラード駅に到着した。発車は9時15分の予定だったので、ポアロはこの機会に脚を伸ばすことにした。外では、車掌も少し体操をしていた。車掌は体操を止めてポアロに話しかけた。

「アテネから来た別の寝台車が連結されました。ブークさまがそちらに移られましたので、お客さまをブークさまが使っておられたお部屋に案内します」車掌が言った。
　ポアロは車掌に礼を言い、その後ブークのところに行って礼を言った。
「わざわざすまないね」ポアロは言った。
「とんでもない！　わたしはこちらのほうがいいのです。この列車は静かですよ。何しろ、わたしのほかにギリシャ人の医師だけですから」
　ポアロの新しい部屋の隣はラチェット氏の部屋で、その向こうに年配のアメリカ人女性、ハバード夫人の部屋があった。夫人は通路でスウェーデン人女性と話していた。

MacQueen entered the car. Poirot stopped him for a moment to explain that he had moved to a new compartment. MacQueen shook his hand and moved on.

Mrs. Hubbard turned to Poirot when the sheep woman left.

She said in a low voice, "You'll think I'm a fool, but I'm afraid of the man in there," she said, pointing to Ratchett's door. "He looks evil. I thought I heard him trying my door handle last night. Dear me! I even put the chain on the communicating door last night! Well, I suppose I'll go to bed."

"Good night, madam," said Poirot with a bow. He went to his room and fell asleep immediately.

Poirot woke in the middle of the night. Someone had cried out somewhere nearby. At the same time, the room-service bell rang sharply.

Poirot got out of bed, opened the door, and looked out. The train was standing still—it was probably at a station. The conductor came hurrying down the hall and knocked on Ratchett's door. Poirot watched.

■move on 立ち去る　■try a door handle ドアの取っ手を回してみる　■Dear me! まあまあ!《おどろき》　■communicating door 客室間をつなぐドア　■I suppose どうやら〜です　■cry out 叫ぶ　■stand still 静止する

36　Chapter 4 A Cry in the Night

マックィーンが列車に入って来ると、ポアロはしばらく呼び止め、別の部屋に移ったことを説明した。マックィーンはポアロと握手すると、向こうへ歩いて行った。
　ハバード夫人は、羊に似た女性が立ち去ると、ポアロの方を向いた。

　夫人は低い声で言った。「ばかげているかもしれませんが、わたくし、あの部屋にいる男が怖いのです」と言って、ラチェットのドアを指さした。「あの男は悪者に見えます。昨夜、わたくしの部屋に通じるドアの取っ手を回す音が聞こえた気がしましたの。なんて恐ろしいこと！　ですから、昨夜はドアに鎖までかけましたの！　あら、もう寝る時間ですわね」

　「おやすみなさい、奥さま」ポアロはお辞儀をしながら言った。自室に戻ると、たちまち眠ってしまった。
　ポアロは真夜中に目を覚ました。どこか近くから叫び声が聞こえた。それと同時に、ルームサービスのベルが鋭く鳴った。

　ポアロはベッドから降りると、ドアを開けて外をのぞいた。列車は止まっていた——おそらく、駅に着いたのだろう。車掌が通路を大急ぎで駆けて来て、ラチェットのドアを叩いた。ポアロはそれをじっと見ていた。

The conductor knocked again. A bell rang and a light showed over another door farther down. At the same moment, a voice from Ratchett's room said in French, "It's nothing. Excuse my mistake."

"Yes, sir," said the conductor, and he hurried to the other room that rang.

Poirot went back to bed. He glanced at his watch. It was twenty minutes to one.

■show over 〜の上に見える　■farther down より向こうに　■excuse 動許す

車掌はもう一度ドアを叩いた。またベルが鳴り、ずっと先のドアの上で明かりがついた。それと同時に、ラチェットの部屋からフランス語の返事が聞こえた。「何でもない。間違っただけだ」

「わかりました」車掌は答えると、ベルが鳴った別の部屋に駆けつけた。

　ポアロはベッドに戻り、ちらっと時計を見た。12時40分だった。

Chapter 5
The Crime

Poirot found it difficult to sleep again. There were many noises in the room next door—running water, then splashing water, then someone moving around. Footsteps passed up the hall. Then there was the *ting!* of somebody ringing the bell. It continued—*ting! ting! ting!* It must be an important matter, thought Poirot.

There were rushing footsteps up the hall, and then the voice of Mrs. Hubbard speaking to the conductor. She complained loudly and long about something, and finally Poirot heard the conductor say, "Good night, madam."

Poirot's throat felt dry and he rang the bell. The conductor came. He looked hot and worried.

■crime 名犯罪(行為) ■find it difficult to ～しがたい ■run 動(水などが)流れる
■pass 動通り過ぎる ■ting 名リンリン(という音)

第5章
犯行

　もう一度寝ようとしたが、なかなか寝つけなかった。隣の部屋からいろいろな音が聞こえてくる——水が流れる音、水がはねる音、そして誰かが動き回る音。通路を歩く足音がする。そのあとでリン！　と誰かがベルを鳴らす音。ベルの音はつづいた——リン！　リン！　リン！　何か重大なことが起こっているに違いないと、ポアロは思った。

　通路を急いで駆けて来る足音がしたあと、ハバード夫人が車掌に話している声が聞こえた。夫人は長いあいだ、ガミガミとまくし立てていた。とうとう「おやすみなさいませ、奥さま」という車掌の声が聞こえた。

　ポアロは喉が乾いたので、ベルを押した。車掌がやって来たが、気が高ぶっていて、何か心配しているようだった。

"A bottle of water, please," said Poirot. When the conductor brought him the water, something in Poirot's kind manner made the conductor speak of his troubles.

"The American woman!" said the conductor. "She insists that there was a man in her room! In a space this small, how can somebody hide? We already have enough troubles with this snow—"

"Snow?"

"Yes, we ran into a snowdrift."

That explained why the train had stopped.

"Who knows how long we'll be here?" said the conductor. "I was caught in snow for seven days once."

Poirot said good night, drank his water, and was just falling asleep when something heavy fell against his door.

He jumped up and opened the door. But there was nothing there. A woman in a red dressing gown was walking away, and the conductor was seated on his little seat at the other end.

■kind manner 親切な態度　■snowdrift 名雪の吹きだまり　■be caught in（悪天候等に）巻き込まれる　■dressing gown ドレッシングガウン、部屋着　■end 名端

「水を1本頼みます」ポアロは言った。車掌は水を持って来ると、ポアロの親切な態度に気持ちがやわらいだのか、ふと心配事をもらした。

　「まったくもってあのアメリカのご婦人は！」車掌が言った。「自分の部屋に男がいると言い張るのです！　あんな狭いところに、誰が隠れることができるというのです？　すでに雪のことで頭がいっぱいだというのに──」
　「雪ですって？」
　「そうなんです。雪だまりに突っ込んでしまいましてね」
　これで、列車が止まった理由がわかった。
　「いつまでこんな状態がつづくか見当もつきません」車掌が言った。「以前に7日間、雪に閉じ込められたことがあります」
　ポアロはおやすみの挨拶をして、水を飲み、うつらうつらしかけたときに、何か重いものがドアにぶつかる音で目が覚めた。
　ポアロは跳び上がってドアを開けた。ところが、何もなかった。ただ、赤いガウンを着た女性が遠ざかって行くのが見えた。車掌は反対側の端にある小さな席に座っていた。

"I must be imagining things," thought Poirot, and he went back to bed. This time, he was able to sleep.

The next morning, there was a lot of talk in the dining car. The train was still stopped and the passengers were all complaining to each other.

One of the Wagon Lit conductors approached Poirot.

"Mr. Bouc would like to speak to you, sir," he said.

Poirot followed the conductor to Bouc's room in the almost-empty Athens car. Inside, Bouc was sitting with a small man and the conductor of the Istanbul–Calais car.

"My friend! We need your help," said Bouc. "Things happened last night. First, we had this snow. And second... well, Mr. Ratchett was found murdered, stabbed in his bed!"

Poirot's eyebrows rose high.

"This is serious," he said.

"Indeed. We do not know how long we'll be stuck in the snow. Usually when we pass through a country, we have the police of that country on the train. But here in Yugoslavia, with the political situation, no. Do you understand?"

■almost-empty 形 ほとんど空っぽの　■murder 動 殺害する　■stab 動 刺す　■be stuck in ～で身動きがとれない　■political situation 政治情勢

44　Chapter 5 The Crime

「夢でも見たのだろう」ポアロは思い直し、ベッドに横になった。今回は眠ることができた。

次の朝、食堂車は話し声で騒がしかった。列車は止まったままで、乗客はみな、互いに文句を言い合っていた。

寝台車の車掌のひとりが、ポアロに近づいてきた。

「ポアロさま、ブークさまがお話ししたいことがあるとおっしゃっています」車掌が言った。

ポアロは車掌のあとについて、ほとんど空に近いアテネからの車両内にあるブークの部屋に行った。そこにはブークが小柄な男と、イスタンブール‐カレー間の車両の車掌といっしょに座っていた。

「ああ、友よ！　あなたの助けが必要です」ブークが言った。「昨夜、やっかいなことが起こりました。最初に、この雪です。そして次には……なんと、ラチェット氏が殺されました。ベッドの上で刺されていたのです！」

ポアロの両眉が高く上がった。

「深刻な事態ですな」彼は言った。

「その通りです。いつまでこの雪に閉じ込められているかわかりません。たいていは、列車が国を通過するとき、その国の警察が乗り込んで来ます。しかし、ここユーゴスラビアでは政治的な理由で、警察は来ません。おわかりいだだけますか？」

Poirot nodded.

"Dr. Constantine here"—the small man nodded—"says that death occurred between midnight and two last night."

"The window was wide open," said Dr. Constantine. "I thought maybe the murderer escaped that way. But if someone had jumped out the window, you would see footprints in the snow. There were none."

"How was the crime discovered?" asked Poirot.

The conductor replied.

"I went to check on Mr. Ratchett when he did not come for breakfast. I tried to open his door, but it was locked from the inside with the chain. There was no answer and it was very cold. An attendant and I broke the chain and went in. Oh! It is too terrible!"

"Ratchett was stabbed twelve times," said the doctor, "in a very strange way. Some wounds were deep, and others were very light. It was as if the murderer simply closed his eyes and stabbed blindly again and again."

■footprint 图足跡　■check on ～を調べる　■as if あたかも～かのように
■murderer 图殺人者　■simply 副ただ単に

ポアロはうなずいた。

「こちらのコンスタンチン医師のご意見では」——小柄な男がうなずいた——「死亡時刻は、昨夜の12時から午前2時までのあいだということです」

「窓は大きく開いていました」コンスタンチン医師が言った。「おそらく犯人は窓から逃げたと思われます。しかし、窓から飛び下りるとなると、雪の上に足跡が残るはずです。ところが、何も見当たらないのです」

「どのように犯行が発覚したのですか？」ポアロが尋ねた。

車掌が答えた。

「ラチェットさまが朝食にいらっしゃらないので、調べに参りました。ドアを開けようとしたのですが、なかから錠がかかっていて、鎖もかけられていました。お返事がなく、部屋がとても冷えているようでした。それで、列車長とわたしとで鎖を切ってなかに入りました。ああ！　なんとも恐ろしい光景でした！」

「ラチェットは12回、刺されていました」医師が言った。「それも、とても奇妙なやり方なのです。深い傷もあれば、とても浅い傷もありました。まるで犯人が目を閉じて、やみくもに何度も何度も刺したように見えます」

"Mr. Ratchett spoke to me yesterday," said Poirot. "He said his life was in danger."

"My friend, I must ask for your help," said Bouc. "We'll give you everything you need to look into this matter properly."

"Of course," said Poirot. "I will do everything I can. First, tell me what other passengers are on this train."

"In this car it is only Dr. Constantine and myself. In the car from Bucharest is an old gentleman with a bad leg. Beyond that, there are other cars, but they were locked after dinner last night. In front of the Istanbul–Calais car there is only the dining car."

"Then it seems," said Poirot, "that the murderer is on the Istanbul–Calais car. I must interview everyone. Please give me everybody's passports and access to the dining car to do this job."

■in danger 危険な状態にある　■look into ～を調査する　■properly 副適切に
■interview 動面接する　■access 名利用する権利

「ラチェット氏は昨日わたしに話しかけてきました」ポアロが言った。「命を狙われていると言っていました」

「ああ、友よ、手を貸してください」ブークが言った。「この事件を正しく解決するために必要なものは何でも提供します」

「もちろん、お引き受けします」ポアロが答えた。「できることは何でもいたしましょう。まず、この列車の乗客について教えてください」

「この車両の乗客はコンスタンチン医師とわたしだけです。ブカレストから来た車両には足の悪い老人がひとり乗っています。その向こうにも数両の車両がありますが、昨日の夕食後は鍵をかけています。イスタンブール – カレー間の車両の前にあるのは食堂車のみです」

「どうも、わたしには」ポアロが言った。「犯人はイスタンブール – カレー間の車両にいるように思われます。この車両のすべての人に質問する必要があります。全員のパスポートと、調査のために食堂車を使えるようにお願いしたい」

Chapter 6
A Woman?

Poirot decided the first person to question should be Ratchett's secretary. He called MacQueen into the train car.

MacQueen appeared at the door with a look of curiosity.

"What can I do for you gentlemen?" he asked.

"Something happened last night," said Poirot. "Your employer, Mr. Ratchett, is dead!"

"They got him after all!" cried out MacQueen.

This time Poirot looked at him with curiosity.

"What do you mean?"

"He was murdered, wasn't he?"

"Yes. I am the detective investigating this case," said Poirot. "How did you know Ratchett was murdered?"

■curiosity 名好奇心 ■employer 名雇い主 ■get someone 〜をやっつける
■after all ついに ■detective 名探偵

第6章
女？

　ポアロは最初にラチェットの秘書に質問することに決め、マックィーンをブークのいる車両に呼んだ。
　マックィーンは好奇心を浮かべて、入り口に現れた。
「みなさん、わたしに何のご用でしょうか」彼は尋ねた。
「昨夜、あることが起こりましてね」ポアロが答えた。「あなたの雇い主のラチェット氏が亡くなりました！」
「ついに、やつらにやられたんですね！」マックィーンが叫んだ。
　今度は、ポアロが好奇心に駆られて、マックィーンを見つめた。
「それはどういう意味ですか？」
「彼は殺されたんじゃないんですか？」
「そうです。わたしがこの事件を取り調べることになった探偵です」ポアロが言った。「どうしてラチェットが殺されたことがわかりました？」

"I've been employed by Ratchett for a year," said MacQueen. "He was American, like me. We met in Persia, and Ratchett offered me a job as his secretary. I accepted and we've been traveling ever since. He needs me because he doesn't speak any languages. In the past week, he's received two letters threatening his life. I can show them to you."

MacQueen went out and returned in a few minutes with two letters. The first one read,

> *"Thought you could cheat us and get away with it? Not on your life. We're going to GET you, Ratchett!"*

The second letter read,

> *"We're coming for you soon. We're going to KILL you!"*

"I see," said Poirot. "How did Ratchett react to these?"

"He just laughed in his quiet way. But I felt he was afraid under the quietness."

"Did you like your employer, Mr. MacQueen?"

MacQueen thought for a moment.

"No."

"Why?"

■ever since 以来ずっと ■read 動書いてある ■cheat 動いかさまする ■get away 逃げる ■Not on your life. とんでもない。まっぴらだ。 ■come for 〜へ迫ってくる ■react 動反応する

「ラチェットに雇われて1年近くになります」マックィーンが言った。「彼はわたしと同じアメリカ人です。わたしたちはペルシアで出会い、そのとき秘書にならないかと誘われたので、引き受けることにしました。それ以来いっしょに旅行しています。彼はまったく外国語を話せないので、わたしが必要なのです。この1週間に、脅迫状を2通受け取っています。それをお見せしましょう」

マックィーンは出て行き、2通の手紙を持ってすぐに戻って来た。最初の手紙には、こう書いてあった。

「われわれを欺いて逃げおおせると思っているのか？ そうはいかない。おまえを捕まえに行くぞ、ラチェット！」

次の手紙には、こう書いてあった。

「もうすぐおまえのところに行く。おまえを殺す！」

「なるほど」ポアロが言った。「ラチェットは手紙を読んでどんな反応をしましたか？」

「いつもの調子で静かに笑っただけでした。でも、わたしにはそれはうわべだけで、本心は怖がっているように見えました」

「あなたは雇い主を好きでしたか、マックィーンさん？」

マックィーンは少しのあいだ考えた。

「いいえ」

「どうしてですか？」

"Well, he was always decent to me, but I distrusted him. He was, I'm sure, a dangerous man. I don't think Ratchett was his real name. I think he was traveling through Europe because he had to leave America—I think he was running from something."

"I see. One other thing—when did you last see Ratchett alive?"

"Last night, around ten. I went into his room to write some notes for him."

"Thank you, that's all for now," said Poirot, and MacQueen left the room.

"Do you believe him?" asked Bouc.

"He seems honest. He openly admitted to not liking Ratchett without any fear or guilt," said Poirot. "But I suspect everybody until the last minute."

"Yes," said Bouc, "only a hot-blooded, crazy person would do something like that. Or, of course, a woman!"

■decent 形 適切な　■distrust 動 ～に不信感を抱く　■I'm sure, ～だと確信している　■run from ～から逃げる　■note 名 手紙、記録　■guilt 名 罪悪感　■hot-blooded 形 すぐにカッとなる

「あのう、彼はいつもわたしに親切でしたが、信用できませんでした。彼は、危険な人間に違いありません。ラチェットというのは本名ではないでしょう。ヨーロッパ中を旅しているのは、アメリカにいられないからだと思います——何かから逃げているのです」

「なるほど。もうひとつ伺います——ラチェットの生きている姿を最後に見たのはいつですか？」
「昨夜の10時ごろです。メモを取るために、彼の部屋に行きました」

「ありがとう。いまのところ、これで終わりです」ポアロが言うと、マックィーンは部屋から出て行った。
「彼の言うことを信じますか？」ブークが訊いた。
「なかなか正直そうに見えます。ラチェットを好きでなかったことを、なんの恐れも罪の意識もなく率直に認めました」ポアロが答えた。「しかしわたしは、最後の最後まで、すべての人間を疑うことにしています」
「そうですね」ブークが言った。「こんなことができるのは、すぐにかっとなる、頭のおかしな人間でしょう。もちろん、女に決まっています！」

Chapter 7
The Body

Next, Poirot and Constantine went to the dead man's room. Poirot noticed immediately how cold it was. The window was wide open. Outside was a perfect blanket of snow.

"You're right," he said, "nobody left the room this way."

He shut the window and turned to the body in the bed. Ratchett's pajama shirt had been opened by the doctor.

Poirot leaned closer for a good look.

"Twelve wounds," he said.

"One or two wounds are so light they are more like scratches," said Constantine. "Yet, at least three could have caused death. And these two wounds, they are deep. But they are clean wounds—they did not bleed."

"What does that suggest?"

"That the man had already been dead a while when these stabs occurred."

■blanket of 一面をおおい尽くす〜　■lean closer 身をかがめる　■for a good look よく見るために　■wound 図外傷　■scratch 図引っかき傷　■bleed 動出血する

第7章
死体

　次に、ポアロはコンスタンチン医師と死んだ男の部屋に行った。ポアロはすぐに部屋が冷え切っていることに気づいた。窓が大きく開いていた。外は一面の雪で覆われていた。

　「おっしゃる通りでした」ポアロが言った。「これでは誰も窓から出て行くことはできないでしょう」

　ポアロは窓を閉めて、ベッドに横たわっている死体に注意を向けた。ラチェットのパジャマのシャツは医師によって大きく開かれていた。

　ポアロは死体の上にかがみ込んで観察した。

　「傷が12か所」ポアロが言った。

　「ひとつふたつの傷は、かすり傷のように浅いものです」コンスタンチンが言った。「けれども、少なくとも3か所の傷が死因になっています。それと、こっちの2か所の傷は深くえぐられています。しかし切口が開いていません——出血していないのです」

　「それはどういうことですか？」

　「つまり、刺される少し前には、死んでいたということです」

"Very strange," agreed Poirot.

"And this wound here, under the right arm. Take my pencil and try it yourself—could you make such a wound?"

Poirot took the pencil and tried.

"I see," he said. "With the right hand, it would be very difficult. But with the left hand it's very easy."

"Exactly. That blow was almost certainly struck by the *left* hand. But these other wounds, they were certainly made with the *right*."

"Two people..." said Poirot softly. "Are there any other things that suggest two people might have committed this murder?"

"Well, as I said before, some of these blows are very weak, and others are very strong."

"Our murderer is strong and weak. He is right-handed and left-handed. Nothing here is clear!" said Poirot. "And our victim lies quiet through the whole event. He did not cry out or defend himself."

Poirot reached under the pillow and found Ratchett's gun, fully loaded. On a little table were a few items—an empty glass, a bottle of water, and an ashtray containing a cigar, some charred paper, and two matches. Constantine picked up the glass and smelled it.

■blow 名一撃 ■certainly 副確実に ■commit 動（罪などを）犯す ■victim 名被害者 ■pillow 名枕 ■loaded 形弾丸を込めた ■charred 形黒こげの

「どうも変ですな」ポアロが同意した。

「それにこの傷を見てください。右腕の下のところです。わたしの鉛筆を持って、ご自分で試してください——こんな傷をつけることができますか？」

ポアロは鉛筆を持って試してみた。

「なるほど」彼は言った。「右手ではとても難しい。でも左手でなら簡単です」

「その通りです。この傷は、ほぼ左手によるものでしょう。しかし、残りの傷は、間違いなく右手によるものです」

「犯人はふたりか……」ポアロがつぶやいた。「ふたりの人間がこの犯罪に関わったことを示すものはほかにありませんか？」

「そうですね、前にも言いましたように、傷には刺し方が弱いものあれば、非常に強いものもあります」

「われわれの殺人者は強くて弱い。右利きであり左利きでもある。わけがわかりませんな！」ポアロが叫んだ。「しかも、被害者は刺されているあいだずっと静かに横たわっていた。叫びもせず身を守ろうともしなかった」

ポアロは枕の下に手を入れて、ラチェットのピストルを見つけた。弾丸は全部こめてあった。小さなテーブルの上には、いろいろな物が置かれていた——空のコップ、瓶に入った水、灰皿には葉巻の吸い殻が1本、焦げた紙片、マッチの燃えさしが2本。コンスタンチンはコップを手に取り、においを嗅いだ。

"He was drugged," he said.

Poirot nodded and picked up the two matches in the tray.

"These matches are different," he said. "This paper one was torn out of a book of matches, while this one is wooden."

Poirot felt in the pockets of Ratchett's clothing. He pulled out a box of wooden matches.

"Ratchett used wooden matches. Let's see if we can find the paper kind."

They searched and found nothing, but Poirot came across a lady's handkerchief on the floor. It looked expensive and had the letter H on it. His sharp eyes went to the floor again and he picked up another item.

"A pipe cleaner! This cannot be Ratchett's, because he does not have a pipe. This clue points to a man, while the handkerchief points to a woman. Certainly, there are too many clues!" said Poirot.

Meanwhile, the doctor had been checking the pockets of the dead man.

"Ah!" he cried. "A watch!"

The watch was broken. Its hands had stopped at 1:15 a.m.

"This must be the hour of the crime," said Constantine.

■drug 動(人に)薬を盛る　■torn 動tear(ちぎる)の過去分詞　■tear out of ～からちぎり取る　■see if ～かどうか確かめる　■come across ふと～を見つける　■clue 名手がかり　■hand 名(時計の)針

60　Chapter 7 The Body

「薬を飲んでいます」医師が言った。

ポアロはうなずくと、灰皿のなかの燃えさしの2本のマッチをつまみ上げた。

「この2本は種類が違います」ポアロが言った。「この紙製マッチはブックマッチからちぎり取られていて、こっちのマッチは木製です」

ポアロはラチェットの服のポケットを探り、木製マッチの箱を引っ張り出した。

「ラチェットが使っていたのは木製マッチです。紙製マッチについて何か見つからないか調べてみましょう」

ふたりはあちこち捜したが何も見つからなかった。その代わり、ポアロは床に落ちている婦人用ハンカチを見つけた。高価そうなハンカチで、Hのイニシャルがついていた。ポアロは、またもや鋭い目で床をくまなく調べ、別の品物を拾い上げた。

「パイプ・クリーナーです！ ラチェットのものではないですな。パイプを持っていませんからね。この手がかりは犯人が男であることを示し、ハンカチは犯人が女であることを示しています。たしかに、手がかりが多すぎますな！」ポアロが言った。

そのあいだ、医師は死体のパジャマのポケットを調べていた。

「ああ！」医師が大きな声をあげた。「時計です！」

時計は壊れていて、針は午前1時15分を指して止まっていた。

「犯行時刻に違いありません」コンスタンチンが言った。

"Yes," agreed Poirot, "but it is all too easy. It's as if these clues were placed here by someone for a reason. This handkerchief—could it have been placed here by a man to make us look for a woman? Or this pipe cleaner—could a woman have placed it here to make us think it was a man?"

Poirot looked at the charred piece of paper in the ashtray again.

"I need a woman's hat box," he said suddenly. He had the conductor bring two hat boxes from rooms where the lady was away. Puzzled, Constantine watched as Poirot opened the boxes and looked under the hats.

"Here!" he cried as he lifted out two balls of metal wire. "In old-fashioned hat boxes, ladies use wire like this to shape their hats. Now I just need my little stove and mustache irons."

Poirot left the room and came back with a pair of irons and a table-top stove that burned alcohol.

Poirot lit the stove. Then he flattened the two pieces of metal wire and gently put the charred piece of paper between them. He picked this up with the irons and held it over the flame.

■all too easy 安易な ■for a reason 理由があって ■hat box 帽子箱 ■puzzled 形困惑して ■stove 名コンロ ■shape 動形を整える ■mustache iron 口ひげ用のこて ■flatten 動平たくする

62　Chapter 7 The Body

「たしかに」ポアロが同意した。「しかし、あまりに簡単すぎます。まるで誰かが意図的にこれらの手がかりをここに置いたように見えます。このハンカチは――男が、女の犯罪に見せようとしてここに置いたのではないでしょうか？　こちらのパイプ・クリーナーは――女が、犯人は男だと思わせようとしてここに置いたのではないでしょうか？」
　ポアロはもう一度、灰皿のなかの焦げた紙片を見つめた。

　「婦人の帽子箱が必要です」突然ポアロが言い出し、車掌に命じて、女性たちが出払っている部屋から帽子箱をふたつ持ってこさせた。コンスタンチンは戸惑いながら、ポアロが箱を開け帽子の下をのぞくのを見ていた。

　「あったぞ！」ポアロは叫び、丸い山の形に編んだ針金を持ち上げた。「古風な帽子箱では、ご婦人たちはこんな形の針金の上に帽子を留めて、形を整えていました。さて、わたしの小さなコンロと口ひげ用のコテが必要です」
　ポアロは部屋を出て、一対のコテと、卓上コンロを持って戻って来た。

　ポアロはコンロに火を点けた。次に、2つの針金の山を平らにし、そのあいだに焦げた紙片をそっとはさんだ。これを2本のコテで持ち上げ、炎にかざした。

"Let's hope this works," he said. In a few moments, the metal began to glow. The doctor, who was watching with great interest, began to see letters. Red, glowing words appeared on the metal:

"—member Daisy Arms—"

"Ah!" cried Poirot.

"Do those words mean something?" asked Constantine.

"Yes," he said, "I know the dead man's real name and why he had to leave America. His name was Cassetti. But we'll get to that later. For now, let's see if there is anything else helpful here."

They looked around the room, and Poirot opened the communicating door to the next room, but the next room's door was shut and locked.

"I still don't understand how the murderer got out," said Constantine. "He didn't go through the window, and the front door was chained from the inside, and this communicating door was locked."

"That," said Poirot, "will be fun to figure out."

■let's hope ～を願うばかりだ ■work 動 役に立つ ■letter 名 文字 ■grow 動 赤熱する ■get to ～に着手する ■figure out 解き明かす

「うまくいくといいのですが」ポアロが言った。しばらくすると、金属が赤く輝き出した。このようすを興味津々で見守っていた医師の目の前に、文字が現れ始めた。燃えるような赤い文字が針金の上に浮かび出た。

　　　　──忘れ … デイジー・アームス──

「そうか！」ポアロが叫んだ。
「この言葉に意味があるのですか？」コンスタンチンが訊いた。
「ありますとも」ポアロが答えた。「死んだ男の本名と、なぜアメリカを去らなければならなかったかわかりました。彼の名前はカセッティです。しかし、そのことは、後でお話しします。当面は、ほかに役に立つものがないか捜してみましょう」
　ふたりは部屋を見回した。ポアロは隣室に通じるドアを開けようとしたが、向こう側から錠がかかっていた。

「犯人がどうやって出て行ったか、依然として謎ですね」コンスタンチンが言った。「窓からは逃げられない。それに、正面のドアには内側から鎖がかかっていますし、隣室に通じるドアは向こう側から錠がかかっています」

「それを」ポアロが言った。「解き明かすことができれば面白いでしょうな」

Chapter 8
The Armstrong Case

Poirot and Constantine returned to Bouc's room, where they found Bouc drinking coffee.

"We have a good start," said Poirot as he sat down. "We know who Ratchett really was. Do you remember reading of the Armstrong baby?"

"A little," said Bouc.

Poirot explained:

"Colonel Armstrong, a war hero, was married to the daughter of Linda Arden, a famous American actress at the time. They had one child, Daisy. When Daisy was three years old, she was kidnapped. The man who took her demanded a huge amount of money for her return. Although the family paid, the little girl was found murdered. At the time, Mrs. Armstrong was pregnant. The shock was too much for her, and both she and the baby died during childbirth. Her broken-hearted husband shot himself."

■actress 名女優 ■kidnap 動誘拐する ■demand 動要求する ■pregnant 形妊娠した ■child-birth 名出産 ■shoot oneself ピストル自殺する

第8章
アームストロング誘拐事件

　ポアロとコンスタンチンがブークの部屋に戻ると、ブークはコーヒーを飲んでいた。
　「順調な滑り出しです」そう言ってポアロは腰かけた。「ラチェットの身元がわかりました。アームストロング誘拐事件のことを新聞で読んだことがありませんか?」
　「ほんの少しだけなら」ブークが答えた。
　ポアロが説明した。
　「アームストロング大佐は、戦争の英雄で、リンダ・アーデンの娘と結婚しました。リンダ・アーデンというのは当時の有名なアメリカ女優です。ふたりには娘がひとりいて、名前をデイジーといいました。デイジーが3歳のとき誘拐されました。誘拐犯は巨額の身代金を要求しました。アームストロング夫妻はお金を払いましたが、女の子は殺されて発見されました。そのころ、アームストロング夫人は妊娠していました。ところが、あまりの衝撃に、夫人はお産で赤ん坊とともに亡くなってしまいました。大佐は悲嘆のあまり、ピストルで命を絶ちました」

"I remember!" said Bouc. "Wasn't there another death?"

"Yes, a French or Swiss nanny. The police thought she was involved in the crime. In despair, she jumped out a window and killed herself. It was proved afterwards that she was innocent.

"Six months later, Cassetti and his gang were tried in court. He was on trial for other kidnappings and murders of children too—it seemed he had made quite a business of it. But Cassetti used his money and connections to be let go. Then he changed his name to Ratchett and left America for a life of travel and pleasure!"

"What an animal!" said Bouc.

"Now we must ask, was Cassetti killed by some gang member he had cheated in the past, or was it a personal act?"

"Are there any living relatives of Daisy Armstrong?"

"I don't know. I think Mrs. Armstrong may have had a younger sister."

■nanny 名子守　■in despair 絶望して　■afterwards 副後に　■be tried in court 法廷で裁判を受ける　■relative 名血縁者

「思い出しました！」ブークが言った。「もうひとり亡くなった人がいましたね？」

「そうです。フランス人かスイス人の子守娘です。警察は彼女が事件にかかわっていると疑いました。子守は絶望して、窓から身を投げて自殺しました。あとになって無罪だったことがわかりました。

6か月後、カセッティとその一味が裁判にかけられました。彼はほかの子どもに対する誘拐や殺人でも訴えられていました——どうやら、たくさんの犯罪に手を染めていたようです。しかし、カセッティは自分の金と縁故を使って無罪になりました。そのあと、名前をラチェットに変えて、アメリカを去り、旅と享楽の日々を送っているのです！」

「けだものめ！」ブークが言った。

「ところで、この殺人事件はカセッティが過去に裏切ったギャング団によるものか、それとも個人的な復讐なのでしょうか？」

「デイジー・アームストロングの親戚のなかで、いまも生きている人はいますか？」

「よく知りません。たしか、アームストロング夫人には妹がいたはずです」

覚えておきたい英語表現

> I'm sorry to cause such trouble. (p.34, 9行目)
> このような面倒を引き起こしてしまい申し訳ありません。

【解説】"I'm sorry to + 動詞" で「〜してしまいごめんなさい」という意味です。"I'm sorry"は誰もが知る表現ですが、その使い方について改めて考えてみましょう。以下のやりとりをご覧ください。恥ずかしながら私の大学時代の実話です……。

（講義に遅刻して…）
　私　：I'm sorry to be late, Mr.Gore.
　先生：Mr. Izumida, you should say "I'm sorry **that I'm** late" not "I'm sorry **to be** late."

　音声学のイギリス人教授がthat I'mとto beを強調したのを今でも鮮明に覚えています。なぜ先生はこのようにおっしゃったのでしょうか？
　実は "be sorry to + 動詞" は話し手とその出来事に心理的距離感があることを暗示するので、遅刻を謝罪するのに用いるべき表現ではないそうです。要するに「自分が悪いと思っていない」ように聞こえるのですね。that節を用いて謝罪すれば、自分の責任をしっかりと自覚しており、申し訳ないと思っている気持ちが相手に伝わります。
　遅刻したのは全て私に原因がありますので、先生は私にthat節を用いなさいと指導したのです。that節の代わりとしてはforを用いるとよいです。

【例文】I'm sorry that I am late.　もしくは　I'm sorry for being late.
　　　　遅刻してしまい申し訳ありません。

　ポアロは、部屋を変更してもらったことに対してこのセリフを述べていますが、自分がそう頼んだわけではなく、自分の過失で引き起こした事態でもありません。

気を遣ってくれたことに感謝しつつも、謝罪の気持ちを表す必要はない状況ですから「to不定詞」を用いているのです。to不定詞とthat節のどちらを用いるかで、話し手と事象の心理的距離感を感じることができます。ぜひ場面に応じて使いこなしてください。

> I suppose I'll go to bed. (p.36, 10行目)
> もう寝る時間のようだわ。

【解説】ハバード夫人がポアロに言った言葉です。supposeは「〜だと思う」という意味の動詞ですが、よく使われるわりには日本人に馴染みが薄い単語です。例えば相手の意見に反論をする場合には、どのように切り出せばいいでしょう？ I can't agree with you.「君には賛成できない」では言い方がきつく、冷たい印象を与えかねません。そんな際にsupposeを用いることで、

　　I suppose so, however 〜　私もそう思う、しかし〜だ。

相手の意見を尊重しつつ自分の意見を述べる言い方になります。かどを立てずに自分の意見を述べるのに便利な表現です。

　　I suppose he is right.　彼は正しいと思う。

「（確信はないけど）彼が正しいと思う」というニュアンスになります。He is right. では強い断定になりますが、I supposeをつけると語調がやわらぎます。

　　A: Is this Ken's car?　これがケンの車？
　　B: I suppose so.　そうだと思うよ。

このように日本語の「〜だと思う」に近いニュアンスを表現できます。be supposed to V「Vすることになっている」もよく使われる表現です。ぜひ覚えましょう。

【例文】She is supposed to arrive here tomorrow.
　　　　彼女は明日ここに到着することになっている。

　日本人はよく「〜と思う」を使うせいで、英語を話す際も"I think〜"を多用する人が多いようです。thinkは「思考する」の意味ですから、「〜と思うよ」のノリで多用すると「この人はよほど思索好きなのだな」と思われかねません。ネイティブは日本人ほどI think〜を用いません。supposeにしても幅の広いニュアンスを持つ言葉ですから、使い方によく慣れる必要があります。これらの表現の理解をさらに深めて、自己主張に緩急をつけられるようになってください。

Murder on the Orient Express

Part 2

Chapter 1
The Wagon Lit Conductor

Poirot went into the dining car to conduct his interviews. On a table was a plan of the Istanbul–Calais car with the names of the passengers in each room. He had the passengers' passports and tickets in a pile, as well as paper and pens.

"Let us begin with the conductor," said Poirot as Bouc and Constantine sat down. "Call him in."

Pierre Michel, who had been a Wagon Lit conductor for fifteen years, came to the dining car looking worried.

"I hope this sad event will not affect my position here," said Pierre Michel.

"Certainly not," said Poirot. "Please sit. I only have a few questions. First, when did Ratchett go to bed?"

"After dinner."

"Did anybody go into his room after that?"

"Only his valet and Mr. MacQueen."

"Was that the last you saw or heard from Mr. Ratchett?"

■plan 名見取り図 ■in a pile どっさりと山のように ■affect 動 ～に影響を及ぼす
■position 名職、地位 ■valet 名付き人の男性

第1章
車掌の証言

　ポアロは事情聴取をするために、食堂車に入った。テーブルの上には、イスタンブール‐カレー間の車両の見取り図が置いてあり、そこに各部屋の乗客名が記されていた。手元には乗客のパスポートと切符が積み重ねられ、紙と鉛筆が置いてあった。

　「まず、車掌から始めましょう」ブークとコンスタンチンが席につくと、ポアロが言った。「車掌を呼んでください」

　ピエール・ミシェルが心配そうな顔で食堂車に入って来た。彼は寝台車の車掌を15年間務めている。

　「この悲惨な事件で、車掌の職が危うくなることがなければよいのですが」ピエール・ミシェルが言った。

　「そんなことはけっしてありません」ポアロが答えた。「かけてください。少し質問するだけです。まず、ラチェットはいつベッドに入りましたか？」

　「夕食後です」

　「そのあと、誰か彼の部屋に入りましたか？」

　「従者とマックィーンさまだけです」

　「あなたがラチェット氏の姿を見たり声を聞いたりしたのは、そのときが最後ですか？」

"No, sir. He rang the bell at about 12:40, soon after the train stopped for the snow. I knocked on his door but he called out in French that he had made a mistake."

"What were his exact words?"

"Ce n'est rien. Je me suis trompé."

"Yes, that's what I heard too," said Poirot. "Then what happened?"

"Another bell rang so I went to answer it. It was Princess Dragomiroff. She wanted me to call her maid, which I did."

"This is a very important question: Where were you at 1:15?"

"At my little seat at the end, facing up the hall. Except I left the car for a moment. I went into the Athens car to speak to my colleagues about the snow. But another bell rang—it was the American lady. I told you last night about it, sir. After that, you rang for me and I brought you some water. Then about half an hour later I made Mr. MacQueen's bed. He had been in his room with Colonel Arbuthnot talking."

"What time was all this?"

"I'm not sure, sir, but no later than two o'clock."

"Then what did you do?"

"I sat in my seat until morning."

"Did you see any passengers come into the hall?"

■call out 話しかける ■exact 形 正確な ■face up 顔を向けて ■colleague 名 同僚 ■make someone's bed 〜のベッドを整える

「いいえ。ラチェットさまは12時40分ごろにベルを鳴らされました。列車が雪で動けなくなった直後です。ドアをノックしましたが、ラチェットさまは『間違っただけだ』とフランス語でお答えになりました」

「正確にはどう言ったのですか？」

「ス・ネ・リアン。ジュ・ム・スィ・トロンペ」

「なるほど。わたしもそれを聞きました」ポアロが言った。「そのあとどうしましたか？」

「別のベルが鳴りましたので、そちらのほうに参りました。鳴らされたのはドラゴミロフ公爵夫人でした。メイドを呼んでほしいとおっしゃられましたので、その通りにいたしました」

「これはたいへん重要な質問ですが、1時15分にはどこにいましたか？」

「車両の端にある車掌席に、通路に向かって座っておりました。ただ、ほんのしばらく車両を離れました。アテネ発の列車に行き、仲間の車掌たちと雪について話し合ったのです。ところが、またベルが鳴りまして——アメリカのご婦人でした。昨夜お話ししたかと思います。そのあと、あなたがベルでお呼びになったので、水をお持ちいたしました。それから30分ほどして、マックィーンさまのベッドを用意いたしました。お部屋でアーバスノット大佐とお話しされていました」

「それは何時ごろでしたか」

「たしかな時間はわかりませんが、2時前でした」

「そのあと何をしていました？」

「朝まで席に着いておりました」

「乗客が通路を通るのを見かけませんでしたか？」

"A woman wearing a red dressing gown walked down the hall to the toilet, I believe, but I didn't see her face. She was moving away from me."

"Did you see her return to her room?"

"No. I may have been answering a bell. You, sir, also looked out into the hall at one point."

"Yes," said Poirot, "I was awakened by the sound of something heavy falling against my door. Did you see what it was?"

"No, sir," said the conductor, surprised. "There was nothing."

"I see," said Poirot thoughtfully. "One last question. Where was our last stop, and did you get off of the train?"

"It was Vincovci. We should have left the station at 11:58 p.m., but because of the weather we were twenty minutes late. I got off the train with the other conductors and stood by the door, as I do at every stop."

"If a murderer boarded the train at Vincovci, could he have left the train after he committed the crime?"

Pierre Michel shook his head.

"He could not be hiding on the train either," he said. "We have searched everywhere."

"Thank you, Pierre Michel. You've been very helpful."

■move away from ～から離れる ■at one point 一時 ■awaken 動目を覚まさせる ■last stop 最後の停車駅 ■either 副 ～も…もしない

「赤いガウンを着た女性が向こう側のトイレに向かって通路を歩いていたと記憶しております。しかし顔は見えませんでした。わたしに背を向けて遠ざかって行かれましたので」
「その女性が部屋に戻るのを見ましたか？」
「いいえ。ベルで呼ばれていたのだと思います。あなたも、一時、通路をのぞいておられましたね」
「その通りです」ポアロが答えた。「何か重いものがわたしのドアにぶつかる音で目が覚めました。何か見かけなかったですか？」

「いいえ」車掌が驚いて答えた。「何もございませんでした」

「なるほど」ポアロが考え深そうに言った。「最後の質問です。最後に停車したのは何という駅ですか？ そのとき列車から降りましたか？」
「ヴィンコヴチ駅です。午後11時58分に発車することになっておりました。ところが、悪天候のため、20分遅れていました。わたしはほかの車掌たちといっしょに列車から降りて、ドアのそばに立っておりました。いつも停車ごとにそのようにしております」
「もし犯人がヴィンコヴチ駅で列車に乗り込んで来たら、犯行後に列車から降りることはできましたか？」
ピエール・ミシェルは首を横に振った。
「列車に隠れることもできなかってしょう」車掌が言った。「どこもかしこも捜しましたから」
「ありがとう、ピエール・ミシェル。おおいに助かりました」

Chapter 2
The Secretary

When the conductor left, Poirot turned to his colleagues.

"Let's question MacQueen again to clear some things up," he said.

The young man arrived quickly.

"You were right, Mr. MacQueen. Ratchett was a false name," Poirot announced. "He was actually Cassetti—the man who murdered Daisy Armstrong."

MacQueen's eyes opened wide.

"That dirty animal!" he cried. "Then he got what he deserved! Such a man doesn't deserve to live!"

"You feel strongly about this, Mr. MacQueen?"

"Yes," he said, trying to calm down. "You see, my father was the lawyer who handled the case. I met Mrs. Armstrong several times—she was a lovely, gentle woman." There was true sadness in his eyes.

■false name 偽名　■dirty animal 汚らわしい人でなし　■deserved 形受けて当然の　■you see ですからね、ご承知のとおり　■handle 動(仕事などを)担当する

第2章
秘書の証言

　車掌が去ると、ポアロは、ブークと医師のほうを向いた。
「もう一度マックィーンに質問してはっきりさせたいことがいくつかあります」ポアロが言った。
　若い男はすぐに現れた。
「おっしゃった通りでした、マックィーンさん。ラチェットというのは偽名でした」ポアロが告げた。「本名はカセッティ――デイジー・アームストロングを殺した男です」
　マックィーンは目を大きく開いた。
「汚らわしいけだものめ！」彼が叫んだ。「当然の報いを受けたのです。あんな男は生きる資格がありません！」
「この事件には並々ならぬ関心があるのですね、マックィーンさん？」
「そうです」彼は心を落ち着かせようとしながら答えた。「実は、わたしの父が検事でこの事件を担当したのです。わたしはアームストロング夫人に数回会ったことがあります――美しくて、やさしい女性でした」。彼の目には偽りのない悲しみが宿っていた。

"How did you find out Ratchett's identity?" MacQueen asked after a moment.

"By a letter found in Ratchett's room."

"But surely—I mean, that was careless of Ratchett."

"Yes," said Poirot, studying the young man. "Mr. MacQueen, please tell me about everything you did after dinner last night."

"I went to my room and read. I got off the train at Belgrade to stretch my legs. I got back on the train and talked to Colonel Arbuthnot. Then I went to Ratchett's room to take some notes, and then I said good night and left him. Colonel Arbuthnot was still in the hall so I invited him to my room. We had some drinks and discussed politics. We got off the train to stretch our legs at Vincovci—"

"By which door did you leave?" cut in Poirot.

"The door closest to my room, next to the dining car."

"Was it locked?"

"Yes, there was a bar that fit across the handle."

"Did you replace the bar when you returned?"

■identity 名身元　■have a drink 酒を飲む　■cut in 口をはさむ　■bar 名かんぬき　■fit 動ぴったりはめ込む

「どうしてラチェットの身元がわかったのですか？」マックィーンがしばらくして尋ねた。
　「ラチェットの部屋にあった手紙からです」
　「しかし、そんなはずは——つまり、ラチェットにしてはいささか不注意でしたね」
　「そうですね」ポアロは若い男をじっと見ながら言った。「マックィーンさん、昨夜の夕食後の行動をすべて話してください」
　「部屋に戻って本を読みました。ベオグラード駅に着いたとき、列車から降りて脚を伸ばしました。列車に戻り、アーバスノット大佐と話しました。それからラチェットの部屋に行き、いくつかメモを取り、おやすみの挨拶をして部屋を出ました。アーバスノット大佐がまだ通路におられたので、わたしの部屋に誘いました。少し酒を飲んで政治の話をしました。ヴィンコヴチ駅に着いたとき、列車を降りて脚を伸ばすことにしました——」

　「どのドアから出ましたか」ポアロがさえぎった。
　「わたしの部屋に近いドアから、食堂車のとなりのドアのことです」
　「錠はかかっていましたか？」
　「はい、取っ手にかんぬきがかかっていました」
　「戻ったとき、そのかんぬきをもとに戻しましたか？」

"Now that you mention it, I don't think we did. We must have forgotten."

"I see," said Poirot. "Now, tell me, when you and the colonel were talking in your room, did you leave your door open?"

"Yes."

"Did you see anyone walk down the hall?"

"At one point I thought I saw a woman in a red dress, but I didn't see her clearly."

"What time did the colonel leave you?"

"Around two, I think."

"One more question: Do you smoke a pipe?"

"No, sir."

Poirot smiled and put down his pen.

"Thank you. That is all."

■now that ～した現在となっては　■put down ～を置く

「言われて見れば、戻さなかった気がします。忘れたのかもしれません」

「なるほど」ポアロが言った。「ところで、部屋で大佐と話していたとき、ドアは開けてありましたか？」

「はい」
「誰かが通路を歩いているのを見かけませんでしたか？」
「一度、赤いガウンの女性を見た気がしますが、はっきりと見えませんでした」
「大佐は何時にあなたの部屋から出て行きましたか？」
「たしか、2時ごろでした」
「最後にもうひとつ。あなたはパイプを吸いますか？」
「いいえ」
ポアロはにっこり微笑むと、ペンを置いた。
「ありがとう。これで終わりです」

Chapter 3
The Valet

After MacQueen came Edward Masterman, Ratchett's English valet. Poirot asked him to sit down.

"I'm sure you've heard that your employer has been murdered," started Poirot.

"Yes, sir. It's very shocking."

"Do you know that Ratchett was not your employer's real name?"

"No, sir."

"Do you remember the Armstrong case?"

At this, Masterman's pale face, which usually showed no expression, colored a little.

"Yes, sir," he replied. "It was a terrible affair."

"Mr. Ratchett was Cassetti, the man responsible for that crime."

■valet 名付き人の男性　■pale 形青白い　■affair 名事件　■responsible for ～の原因である

第3章
従者の証言

　マックィーンのあとに、エドワード・マスターマンが入って来た。ラチェットのイギリス人従者である。ポアロは腰かけるように勧めた。
　「あなたの雇い主が殺されたことはもう聞いていますね」ポアロが始めた。
　「はい。びっくりいたしました」
　「ラチェットというのは雇い主の本名でないことを知っていましたか？」

　「いいえ」
　「アームストロング誘拐事件のことは覚えていますか？」
　これを聞くと、いつもはまったく感情を表さないマスターマンの青白い顔に少し赤味がさした。
　「はい」彼は答えた。「恐ろしい事件でございました」
　「ラチェットの正体はカセッティです。この犯罪の首謀者です」

Masterman's face turned redder.

"That's shocking. I can hardly believe it, sir."

"Tell me when the last time you saw Mr. Ratchett was."

"About nine o'clock last night, sir. I went into his room to fold and hang up his clothes, bring him water, and take care of all his needs before bed."

"Did Ratchett seem normal?"

"He seemed upset. He had received a letter he didn't like."

"Did Ratchett ever take medicine to help him sleep?"

"Always when traveling by train. He couldn't sleep otherwise."

"Did he take it last night?"

"Yes, sir. I poured some in a glass for him."

"What happened next?"

"He wanted to see MacQueen. So I called MacQueen and then went to my room. I spent the rest of the night reading. I had a hard time sleeping. I must have fallen asleep around four in the morning."

■hardly 副 とても〜ない ■fold 動 たたむ ■hang up 〜をかける ■upset 形 動揺して ■otherwise 副 そうしないと ■pour 動 液体をつぐ

マスターマンの顔が紅潮した。

「びっくりしました。とても信じられません」

「ラチェット氏を最後に見たのはいつですか？」

「昨夜の9時ごろです。お部屋に行って服をたたんだりつるしたり、水を持って来たり、そのほかベッドに入る前に必要なお世話をすべていたしました」

「ラチェットの様子はいつもと変わりありませんでしたか？」

「動揺しておられるようでした。嫌な手紙をお受け取りになったのです」

「ラチェットは寝つくために睡眠薬を服用していましたか？」

「列車で旅をなさるときはいつもそうされています。飲まなければお眠りなれませんのです」

「昨夜は飲みましたか？」

「はい。コップに薬を入れて差し上げました」

「それから、どうしました？」

「マックィーンさんに会いたいと言われたので、呼びに行き、そのまま自分の部屋に戻りました。そのあとはずっと読書しておりました。なかなか寝つくことができませんでした。眠ったのは夜中の4時ごろだと思います」

"Do you share your compartment with anyone?"

"Yes, a big Italian fellow."

"Do you talk to each other?"

"No, I prefer to read, sir."

"Did you or your companion leave the room during the night?"

"No, sir. The Italian went to sleep around 10:30 and snored all night."

Poirot was silent for a moment or two and said, "Just tell me one more thing: when were you hired by Ratchett?"

"About nine months ago."

"And do you smoke a pipe?"

"No, sir. Only cigarettes."

"Thank you, Mr. Masterman. That is all."

"Excuse me, sir," said Masterman, "but the American lady has been upset all morning. She says she knows all about the murderer. May I ask her to come in?"

■fellow 名男　■companion 名仲間、連れ　■snore 動いびきをかく　■for a moment or two わずかな瞬間　■cigarette 名紙巻たばこ

「同室者はいますか？」

「はい、大柄なイタリア人です」

「互いに話をしましたか？」

「いいえ。本を読んでいるほうがよろしいですから」

「あなたまたは同室者が、夜のあいだに部屋から出て行きませんでしたか？」

「いいえ。イタリア人は10時30分ごろ眠ってしまい、一晩中いびきをかいていました」

ポアロはちょっとのあいだ黙ったあとに言った。「もうひとつ教えてください。ラチェットに雇われたのはいつですか？」

「9か月ほど前です」

「パイプを吸いますか？」

「いいえ紙巻たばこだけです」

「ありがとう、マスターマンさん。これで終わりです」

「すみませんが」マスターマンが言った。「アメリカのご婦人が午前中ずっと大騒ぎされています。犯人のことをすべて知っていると言われるのです。ご婦人をお呼びしてよろしいですか？」

Chapter 4
The American Lady

Mrs. Hubbard arrived in the dining car in such an excited state that she could hardly speak.

"Gentlemen, are you the authorities here? I have some very, very important information—*very* important!"

"Please sit down, madam," said Poirot.

Mrs. Hubbard dropped herself into a seat across from him and immediately started to talk.

"Gentlemen, there was a murder on the train last night!"

"Yes, we are aware," said Poirot.

"And the murderer was in my room!"

"You are sure of this, madam?"

■state 图状態、様子　■authority 图権威者　■drop oneself into 〜に崩れ落ちる
■across from 〜の向かいに　■aware 形 〜を知っている

第4章
アメリカ人女性の証言

　ハバード夫人が食堂車に現れたとき、あまりに興奮してほとんど口もきけないほどだった。
　「みなさん、あなた方がここの責任者ですか？　とってもとっても重要な情報があります──ものすごく重要なことなの！」
　「どうぞ、おかけください、奥さま」ポアロが言った。
　ハバード夫人はポアロの向かい側の椅子にドサッと腰を下ろし、すぐに話し始めた。
　「みなさん、昨夜、この列車で殺人がありました！」
　「はい。知っております」ポアロが言った。
　「そして、犯人はわたくしの部屋にいたのです！」
　「それはたしかですか、奥さま？」

"Of course I'm sure! Heavens! I know what I saw. You see, I'd gone to bed and fallen asleep. Suddenly I woke up and I knew there was a man in the room. It was very dark, and I was so afraid I couldn't scream. I thought I was going to be killed! I shut my eyes and pressed the bell for the conductor. I pressed and pressed, and finally I heard someone coming down the hall. 'Come in!' I screamed, and I turned on the lights at the same time. But nobody was there!"

This did not seem to surprise anyone but Mrs. Hubbard.

"What happened next, madam?"

"I told the conductor what happened, but he didn't believe me. He thought I had dreamt the whole thing. But I *know* there was someone in my room. Somehow he got away. I thought maybe it was the man next door, so I told the conductor to look at the door between our rooms, and sure enough, it wasn't locked. I told him to lock it, of course!"

"What time was this?"

"I don't know, I never looked at the clock. I was too upset. But it's clear to me that it was the murderer, and I have proof!"

Mrs. Hubbard opened her bag and dug through it for some time. Finally, she produced a silver button from a Wagon Lit conductor's uniform.

■Heavens! あらまあ！ ■scream 動悲鳴を上げる ■turn on（電気製品などを）オンにする ■dreamt 動dream（夢を見る）の過去、過去分詞 ■sure enough 思ったとおり ■proof 名証拠 ■dig through ～の中を探る ■produce 動提示する

「もちろんです。なんてことなの！　自分が見たことくらいわかります。いいですか、わたくし、ベッドに入って寝入っていました。ふと目を覚ますと、部屋に男がいるじゃありませんか。とても暗くって、あまりに怖いものだから、叫ぶこともできなかったの。殺されると思ったわ！　目を閉じてベルを押して車掌を呼びました。何度か押すと、ようやく誰かが通路を走って来る音が聞こえたわ。『入って！』と叫んで、同時に明かりをつけました。でも、部屋には誰もいなかったの！」

これを聞いても、ハバード夫人以外は誰も驚かないようだった。
「次にどうなさいましたか、奥さま？」
「車掌に何が起こったか説明しました。でも、信じてくれません。全部、わたくしの夢だと言うのです。でも、部屋に誰がいたのは間違いないわ。どうにかして出て行ったのよ。隣の男かもしれないと思ったから、隣の部屋とのあいだのドアを調べてほしいと車掌に頼みました。そしたら、案の定、錠がかかっていなかったの。もちろん、錠をかけるように頼みましたわ！」
「それは何時のことですか？」
「わかりません。時計を見ませんでしたから。怖くてそれどころじゃなかったわ。でも、あれが犯人だということは明らかです。証拠がありますのよ！」
ハバード夫人はバッグを開けて、しばらく丹念になかを調べていたが、ついに銀のボタンをひとつ取り出した。それは寝台車の車掌の制服についているボタンだった。

"I found this in my room this morning!" she cried.

"It may have come from the conductor who answered your bell," said Poirot.

"No, it couldn't have! Why people don't listen to me, I just don't know," she said. "The conductor came into the room and looked under the bed and at the door. But he never came by the window, you see? I found the button by the window! What do you say to that?"

"That is evidence, madam!" said Poirot. He took the button from her. "Just a few more questions, madam. If you were so afraid of Ratchett being in the next room, why didn't you lock the door between your rooms?"

"I had," said Mrs. Hubbard. "At around 10:30, that Swedish woman, Greta, came to my room to ask for some aspirin. I was already in bed, so I told her to look in my sponge bag that was hanging on the door handle. I asked her to see if the door was locked, and she said it was."

"Why couldn't you see for yourself?"

"Because I was in bed and the bag was hanging in front of the lock."

"I see. Mrs. Hubbard, do you remember the Armstrong case?"

■come from ～によってもたらされる ■evidence 图証拠 ■aspirin 图鎮痛剤
■sponge bag 图化粧ポーチ

「今朝、自分の部屋で見つけましたの！」夫人が大きな声で言った。

「あなたのベルに呼ばれて来た車掌のボタンかもしれませんな」ポアロが言った。

「いいえ、そんなはずはありません！　どうして誰もわたくしの言うことを聞かないのか、まったくわかりませんわ」夫人が言った。「車掌は部屋に来て、ベッドの下とドアを見ました。でも、窓のそばには来ませんでした。おわかりかしら？　ボタンは窓のそばで見つけたのよ！　これをどう説明なさいます？」

「これは証拠品です、奥さま！」ポアロが言って、夫人からボタンを受け取った。「あと少し質問があります、奥さま。ラチェットが隣にいることをそんなに怖がっておられたのに、どうして隣室とのあいだのドアに錠をかけなかったのですか？」

「かけましたわ」ハバード夫人が答えた。「10時30分ごろ、スウェーデンの婦人、グレタが、わたくしの部屋にアスピリンをもらいにいらしたの。わたくし、ベッドに入っていましたので、ドアの取っ手にかけてある化粧ポーチのなかにありますから、自分で取ってくださいって頼みましたの。ついでに、ドアに錠がかかっているかどうか見てもらうと、あの方はかかっていると答えられましたわ」

「どうしてご自分で見なかったのですか？」

「だって、ベッドに入っていましたし、化粧ポーチが錠の前にかかっていたからですわ」

「なるほど。ハバードさん、アームストロング誘拐事件のことはご存知かな？」

"Yes, I do! What a terrible thing it was, too!"

"Well, Mr. Ratchett was actually Cassetti, the man responsible for the crime."

Mrs. Hubbard was so excited she stood up.

"Heavens! I can't believe it! I knew that man was evil! I told you so, didn't I, Mr. Poirot?"

"Indeed. Did you know any of the Armstrongs?"

"No, I can't say I did. They were rich and moved in a different social circle."

"Just one more thing, Mrs. Hubbard. Do you own a red dressing gown?"

"What a strange question! No, my dressing gown is pink."

"Thank you, madam," said Poirot. "That is all."

As she moved toward the door, Poirot stopped her.

"You dropped this," he said. He held out a lady's handkerchief to her.

"That's not mine."

"I thought it was yours. It has the letter H on it."

"That's true, but it isn't mine," she said.

"Ah, excuse me. Thank you for your help."

■indeed 副 まったく、いかにも　■social circle 社会的集団　■own 動 ～を所有する
■hold out ～を差し出す

「もちろんです！　あれも恐ろしい事件でしたわ！」

「ところで、ラチェット氏の本名はカセッティです。その犯罪の首謀者だったのです」

ハバード夫人は興奮して、思わず立ち上がった。

「なんてことなの！　信じられませんわ！　あの男が悪者だってことはわかっていました。そう申しましたでしょ、ポアロさん？」

「おっしゃる通りです。アームストロング一家のどなたかとお知り合いでしたか？」

「いいえ、どなたとも。あの一家はお金持ちで、別の社交界で活躍されていましたから」

「もうひとつ質問があります、ハバードさん。赤いガウンをお持ちですか？」

「なんて変な質問ですこと！　いいえ、わたくしのガウンはピンクです」

「ありがとうございました、奥さま」ポアロが言った。「これでおしまいです」

夫人がドアに向かうと、ポアロが呼び止めた。

「これを落とされましたよ」と言って、婦人用ハンカチを差し出した。

「わたくしのものではありません」

「あなたのものだと思いました。Hというイニシャルがついていますので」

「そうですね。でも、わたくしのものではありません」夫人が言った。

「ああ、失礼しました。ご協力ありがとうございました」

Chapter 5
The Swedish Lady

Poirot interviewed Greta Ohlsson next. She was a trained nurse and worked at a school in Istanbul. She was on her way to Sweden on holiday.

"I'm sorry to trouble you, but we are questioning everybody on the Istanbul–Calais car," said Poirot gently. "Can you tell me what you did after dinner last night?"

"My head was hurting all evening. At around 10:30, I went into the American lady's room to ask for some aspirin."

"Did she ask you to see if the door connecting to Mr. Ratchett's room was locked?"

"Yes."

"Was it locked?"

"Yes."

"After that?"

"I went to my room, took the aspirin, and lay down."

■trained 形 訓練を受けた　■on one's way to ～に行く途中で　■connecting to ～につながる　■lie down 横になる

第5章
スウェーデン人女性の証言

　ポアロは次にグレタ・オルソンに質問した。彼女は正看護師で、イスタンブールの学校で働いていた。休暇でスウェーデンに帰る途中だった。

「お手数をかけて申し訳ありませんが、イスタンブール‐カレー間の車両の乗客全員に質問をしております」ポアロが穏やかに言った。「昨夜、夕食後に何をなさいましたか？」
「夜通し頭痛がしていました。10時30分ごろ、アメリカのご婦人の部屋に行って、アスピリンを少しいただきました」
「ラチェット氏の部屋に通じるドアの錠がかかっているか見てほしいと頼まれましたか？」
「はい」
「錠はかかっていましたか？」
「はい」
「そのあとは？」
「部屋に戻り、アスピリンを飲んで横になりました」

"Did you go to sleep quickly?"

"No, not very quickly. The train stopped once before I fell asleep."

"That must have been Vincovci. You share your room with the young English lady, don't you?"

"Yes."

"Did she leave the room after the train stopped at Vincovci?"

"No. I am a very light sleeper and I would have woken if she left the room."

"Did you leave your room at any time during the night?"

"No, I stayed there until morning."

"Do you have a red dressing gown?"

"Why, no! My dressing gown is brown."

Poirot asked if she knew of the Armstrong case. She didn't, so he explained. She grew very upset.

"That is terrible!" she cried. "To think such evil men could exist!"

With that, she was allowed to go. She left with her eyes filled with tears.

■light sleeper 眠りが浅い人　■ask if 〜かどうか尋ねる　■grow upset 憤慨する

「すぐに寝つけましたか？」

「いいえ。あまり早くは寝つけませんでした。寝入る前に、列車が一度止まりました」

「ヴィンコヴチ駅に止まったのでしょう。イギリスの若い女性と同じ部屋ですね？」

「はい」

「その女性はヴィンコヴチ駅に停車後に部屋から出ませんでしたか？」

「いいえ。わたしはとても眠りが浅いので、あの方が部屋を出たら目が覚めたはずです」

「夜のあいだのいずれかの時間に、部屋から出ましたか？」

「いいえ、朝まで部屋におりました」

「赤いガウンをお持ちですか？」

「まあ、持っていませんわ。わたしのガウンは茶色です」

ポアロはアームストロング誘拐事件を知っているか尋ねた。知らないと答えたので、説明するとグレタはとても憤慨した。

「ぞっとしますわ！」彼女は叫んだ。「そんな悪魔のような人間がいると考えただけでも！」

そのあと、グレタは退室を許され、目に涙をいっぱいためて出て行った。

Chapter 6
The Russian Princess

Before the next interview, Poirot had Pierre Michel called into the dining car.

"Michel, here is a button from your uniform. It was found in Mrs. Hubbard's room. What do you have to say about it?" said Bouc.

"I haven't lost any buttons, sir," said the conductor. "I don't know where it could have come from."

Indeed, all of his buttons were on his coat.

"Then it must have been dropped by the man who was in Mrs. Hubbard's room last night."

"But sir, I checked the room! There was nobody there."

"Somebody dropped it, and it's likely that it was the murderer," said Bouc coldly.

■here is ここに~がある ■it is likely that おそらく~だろう ■murderer 図殺人者

第6章
ロシアの公爵夫人の証言

　次の面接に進む前に、ポアロはピエール・ミシェルを食堂車に呼んだ。

「ミシェル、きみの制服のボタンがここにある。ハバード夫人の部屋で見つかった。これをどう説明するのかね？」ブークが訊いた。

「わたしはボタンを失くしていません」車掌が答えた。「いったいどこから出て来たのか、皆目、見当もつきません」
　実際、彼の上着にはボタンが全部ついていた。
「それでは、昨夜、ハバード夫人の部屋にいた男が落としたに違いない」

「ですが、わたしは部屋を調べました！　誰もおりませんでした」
「たしかに誰かが落としたのだ。それが犯人のようだな」ブークが冷やかに言った。

"It wasn't me, sir! I am innocent! Please, I was with the other conductors before madam rang for me, you can ask them!"

Bouc called for the two other conductors and they gathered in the dining car. They both said that Pierre Michel had come to speak with them about the snow from around 1 to 1:15. Neither of them had lost a button either. It was clear none of the Wagon Lit conductors could provide any information about the button, so Poirot moved onto the next interview.

Princess Dragomiroff entered the dining car. Despite her small, weak body, her attitude was strong and direct.

"You are Princess Natalia Dragomiroff, and your home address is 17 Avenue, Kleber, Paris, correct?"

"That is correct."

"Thank you. Now, please tell us about what you did last night after dinner."

"I told the conductor to make my bed. I went to bed directly after dinner and read until about 11 p.m. I could not sleep because of my rheumatism. I had the conductor bring my maid, who rubbed my feet and read to me until I felt sleepy. I believe that was about an hour later."

■gather 動集合する　■despite 前～にもかかわらず　■direct 形遠慮のない
■rheumatism 名リウマチ　■rub 動摩擦する

「わたしではありません！　わたしは無実です！　本当です。ハバード夫人にベルで呼ばれる前は、同僚の車掌たちといっしょでした。聞いてみてください！」

ブークに呼び出され、ふたりの車掌が食堂車にやって来た。どちらの車掌もピエール・ミシェルが彼らのところに来て、1時から1時15分ごろまで雪について話し合ったと証言した。ふたりともボタンを失くしていなかった。寝台列車の車掌たちからボタンについて何も聞き出せないことがはっきりしたので、ポアロは次の面接を始めることにした。

ドラゴミロフ公爵夫人が食堂車に入って来た。小さく弱々しい体にもかかわらず、公爵夫人の態度は堂々として、てきぱきしていた。

「あなたは、ナタリア・ドラゴミロフ公爵夫人で、住所はパリのクレベール街17番地で間違いありませんね」

「その通りです」

「ありがとうございます。さて、昨夜夕食のあとで何をなさったか教えてください」

「車掌にベッドの支度をするように申しつけました。夕食後すぐにベッドに横になり、11時ごろまで本を読んでいました。リューマチで眠れなかったので、車掌にメイドを呼んでもらいました。メイドはわたくしの足をもみ、本を朗読してくれました。そのうち眠くなりましたが、メイドを呼んでから1時間ほどたっていたと思います」

"The train had stopped then?"

"Yes."

"You heard nothing unusual?"

"Nothing."

"You have been to America, I believe?"

The sudden change of topic made the princess raise her eyebrows.

"Yes, many times."

"Then you remember the Armstrong case."

The princess's face darkened, and her strong, commanding voice grew soft.

"The Armstrongs were dear friends of mine," she said. "I am still trying to get over the terrible loss. Linda Arden is a great friend of mine. I believe she is the finest actress in America. Her daughter, Sonia Armstrong, was my goddaughter."

"I believe Sonia had a younger sister. Do you know where she is now?"

"No. I lost touch with the younger Armstrongs. Why are you asking about them? Do they have to do with what happened last night?"

■topic 图話題　■commanding 形威厳のある　■dear 形大切な　■goddaughter 图（女の）名付け子　■lose touch with ～との関わりがなくなる

「そのとき、列車が止まったのですね？」
「そうです」
「何か変わった音が聞こえませんでしたか？」
「いいえ」
「アメリカに行かれたことがおありだと思うのですが？」
突然、話題が変わり、公爵夫人は両眉を上げた。

「ええ、何度も」
「それでは、アームストロング誘拐事件をご存知ですね」
公爵夫人の表情が暗くなり、威厳のある強い声がやわらいだ。

「アームストロング一家はわたくしの大切な友人でした」夫人が言った。「今でも恐ろしいほどの喪失感を乗り越えられません。リンダ・アーデンは大の親友です。彼女はアメリカで最も素晴らしい女優だと思いますよ。わたくしが娘のソニア・アームストロングの名づけ親です」

「たしか、ソニアには妹さんがいましたね。いまどこに住んでいるかご存知ですか？」
「いいえ、アームストロング家の若い方たちとは連絡を取っておりません。どうして、あの人たちのことをお尋ねになるの？ 昨夜起こったことと関係があるのですか？」

Poirot explained who Ratchett really was. The princess's face darkened even more and she lowered her eyes.

"Excuse me for saying this," she said, "but if what you say is true, I am glad that man was murdered!"

"Of course, you have strong feelings on the matter," said Poirot. "Just one more question: What color is your dressing gown?"

"Blue," she said calmly.

"Thank you, madam, very much for your help."

Princess Dragomiroff rose and walked out of the room.

■darken 動 暗くなる　■even more さらにいっそう　■lower 動（目線などを）落とす

ポアロはラチェットの正体を説明した。公爵夫人の表情はさらに暗くなり、夫人は目を伏せた。
「こんなことを言ってはなんですが」夫人が言った。「でも、おっしゃることが本当なら、あの男が殺されてうれしいですわ！」
「そうでしょうとも、この事件には心を痛められたでしょうから」ポアロが言った。「もうひとつ質問があります。何色のガウンをお持ちですか？」

「青です」夫人は穏やかに答えた。
「ありがとうございました、奥さま。たいへん助かりました」
　ドラゴミロフ公爵夫人は立ち上がり、部屋から歩き去った。

Chapter 7
Count and Countess Andrenyi

🎧[15] Next was Count Andrenyi. Before he entered the dining car, Poirot studied the Count and Countess's passports. Everything seemed to be in order, but he noticed a large, dirty spot on the Countess's passport. Some careless official must have spilled his lunch on her papers.

Soon, the Count came in. He was a large, good-looking man who spoke very good French. He came without his wife.

"Dear Count," said Poirot, "will your wife join us?"

"No. She has nothing to tell you," said the Count. His tone was firm. "I'm afraid neither of us can help you, as we were both asleep."

Again, Poirot explained who Ratchett really was, but the news did not seem to affect the Count.

"That's shocking," said the Count, "but I suppose such things happen in America."

■count 名伯爵 ■countess 名伯爵夫人 ■in order 適切な ■spot 名しみ ■spill 動こぼす ■firm 形断固とした

第7章
アンドレニ伯爵夫妻の証言

　次はアンドレニ伯爵の番だった。伯爵が食堂車に来る前に、ポアロは伯爵夫妻のパスポートを調べた。何の不備もないように見えたが、大きく汚いしみが伯爵夫人のパスポートについていた。不注意な役人が昼食を夫人のパスポートにこぼしたに違いない。

　すぐに、伯爵がやって来た。大柄で、ハンサムな男性で、フランス語を流暢に話した。妻を伴ってはいなかった。
「伯爵」ポアロが言った。「奥さまはお見えにならないのですか？」
「はい、あなたにお話しすることは何もありませんからね」伯爵が答えた。きっぱりした口調だった。「わたしも妻も、何もお助けできないと思います。ふたりともずっと眠っていましたから」
　ここでも、ポアロはラチェットの身元を説明したが、この知らせを聞いても伯爵は動揺したように見えなかった。
「それは驚きです」伯爵が言った。「しかし、似たような事件はアメリカでよく起こりますからね」

"You have been to America, Count?"

"I was in Washington for a year."

"Did you ever meet anyone named Armstrong?"

"Armstrong? It's hard to say. One meets so many people in America."

"What did you do after dinner last night?"

"My wife and I went to my room and played cards until about eleven. Then my wife returned to her room and went to sleep. I also went to bed and didn't wake up until morning."

"Did you notice the train stopping?"

"Not until this morning."

"And your wife?"

"She always takes sleeping medicine when she travels by train. She slept until morning. I'm sorry we don't have any useful information."

"That's fine, Count. But could you please ask your wife to come in here?"

"It's unnecessary for her to come. She knows nothing, as I said before."

"I'm sure you're right. But it's a formal part of the process, you see. I have to speak to everyone."

■hard to ～するのが難しい　■play cards トランプをする　■could you please ～していただけますか　■formal 形形式上の　■process 名作業過程

「アメリカに行かれたことはありますか、伯爵？」

「ワシントンに1年おりました」

「アームストロングという名前の人に会われましたか？」

「アームストロング？　ちょっと思い出せませんね。アメリカではずいぶん多くの人に会いましたから」

「昨夜、夕食後は何をなさっていましたか？」

「妻といっしょにわたしの部屋に行き、11時ごろまでトランプをしました。その後、妻は自室に戻り、床につきました。わたしも床につき、朝まで眠っていました」

「列車が止まったことに気づかれましたか？」

「いいえ、今朝まで知りませんでした」

「奥さまはいかがでしょう？」

「列車で旅行するときは、妻はいつも睡眠薬を服用します。ですから、朝まで眠っていました。役に立つ情報がなくて申し訳ありません」

「かまいませんよ、伯爵。ですが、奥さまにもここに来るように頼んでいだけませんか？」

「妻がここに来る必要はありません。前にも申しましたように、何も知りませんからね」

「おっしゃる通りです。しかし、ほんの形式にすぎませんから。全員と話す必要があるのです」

The Count studied Poirot and said nothing for a moment. Then, finally, he said he would bring her.

The young, beautiful countess appeared a few minutes later.

"I'm sorry to trouble you," said Poirot. "I only have a few questions. I just need to know if you saw or heard anything unusual last night."

"No, I heard nothing."

"You did not hear loud noises coming from the room next to yours? The American lady rang for the conductor and was crying aloud during the night."

"No. I take sleeping medicine, you see. I slept the entire night."

"Ah! Then I won't trouble you further. But I must also ask, what color is your dressing gown?"

"Yellow," she said laughing. "Is that important?"

"Very important, my dear Countess," replied Poirot. "Thank you very much."

"She is very beautiful," said Bouc with a little sigh after she left.

Poirot agreed, but he was thinking about the dirty spot on her passport.

■aloud 副大声で　■entire night 一晩中　■further 副さらに深く　■sigh 名ため息

伯爵はポアロを見つめ、しばらく何も言わなかった。そしてようやく、夫人を連れて来ると言った。
　若く美しい伯爵夫人が数分後に現れた。

「わざわざすみません」ポアロが言った。「2、3の質問をするだけです。昨夜、何か普通でないことを見たり、聞いたりされなかったか知りたいのです」
「いいえ、何も聞いておりません」
「お隣の部屋から大きな音が聞こえなかったのですか？　アメリカのご婦人がベルで車掌を呼び、夜のあいだ大声で叫んでいたのですよ」

「聞いておりません。だって、睡眠薬を飲んでいましたから。一晩中、眠っていました」
「ああ！　それではこれ以上お引きとめできませんね。ですが、お尋ねしたいことがあります。ガウンは何色ですか？」
「黄色です」夫人は声を立てて笑いながら答えた。「それが重要なのですか？」
「とても重要です、伯爵夫人」ポアロが答えた。「ありがとうございました」
「きれいな方ですね」夫人が去ったあと、ブークが小さくため息をつきながら言った。
　ポアロも同意したが、夫人のパスポートの汚れたしみのことを考えていた。

覚えておきたい英語表現

> Yes, that's what I heard too. (p.76, 6行目)
> ええ、私もそれを聞きました。

【解説】"That is what～"で、「それこそが～のことだ」という意味を表します。口語での使用頻度が高く、覚えておくと大変便利です。例文をいくつか挙げますので、ぜひ覚えて使ってください。

【例文】That's what I say.
その通りだよ。(直訳：私が言いたいことがそれだよ)

That's what I want.
それが欲しかったんだよ。(直訳：私が欲しいのがそれだ)

That's not what I meant.
そんなつもりではなかったのです。(直訳：それは私が意図したことではなかった)

That's what I'm talking about!
そうこなくちゃ！(直訳：そのことを言っているんだよ)

what以外もよく使われます。

【例文】That's where you are wrong. 君がまちがっているのはそこだよ。

You are wrong.(君は間違っているよ)では、相手を全否定してしまいかねません。このような言い方を覚えていると、冷静かつ論理的に議論を進めることができます。

以上のようにとても便利な表現です。あまり細かい点にとらわれすぎずに"That's what～"「それこそが～だよ！」という気持ちを大事にしてネイティブ感覚を身につけてください。

> You see, I'd gone to bed and fallen asleep. (p.94, 1行目)
> いいですか、わたくしベッドに入って寝入っていましたの。

【解説】この"You see"は、理由を補足して「いいですか、よく聞いてください」という意味を表しています。通常は文頭に置くことで後ろの表現を和らげるのですが、場合によっては丁寧さにかける場合もあります。このハバード夫人の使い方がまさにそれです。"You are sure of this, madam?"と疑われたことに少々腹を立てているハバード夫人の気持ちがよく分かります。

"You see"には他にも「ほら」とか「あのですね…」「あなたも知っている通り…」という使い方もあります。

【例文】You see, she is coming!　ほら、彼女がやってくるよ。

Well, you see, your new glasses don't really suit you.
えーと、あのね、君の新しいメガネはあまり似合ってないよ。

The shop is open till 8 you see.
(ほら君も知っているとおり) その店は8時まで開いている。

アメリカでは特にyou seeよりもyou knowを好んで使う方が多いようです。

【例文】I saw you at the station, you know, the one by the lake.
僕は君を駅でみたよ、ほらあの、湖のそばの。

You know, I sometimes feel I am very lonely.
それでさあ、時々とってもさびしいなあって感じちゃうんだよね。

you seeはyou knowやwellとともに、"filler"「つなぎ文句」と呼ばれる表現の一つです。学校ではこのようなfillerをあまり扱わないせいか、日本人には馴染みの薄い表現ですが、使いこなせると英会話力が上がります。

とはいうものの、多用すると嫌味な印象を与えかねません。「多用」よりも「多様」な表現で会話を操れるようになってください。

Chapter 8
The Colonel

Next came the British colonel. He did not seem happy to be interviewed by a group of foreigners. With some difficulty, Poirot found out that the colonel was traveling to England from India. He had stopped for three days in Baghdad to visit an old friend.

"You and Miss Debenham met in Baghdad?" asked Poirot.

"No, we met on the train from Kirkuk to Nissibin."

"Miss Debenham is an English woman," said Poirot, leaning forward. "As an English man, what do you think of her?"

"What kind of question is that?" said Colonel Arbuthnot angrily. "Miss Debenham is a lady."

■with difficulty 苦労して ■stop for 〜の間滞在する ■lean forward 身を乗り出す ■think of 〜についての意見を持つ

第8章
アーバスノット大佐の証言

　今度はイギリス人の大佐が入って来た。数人の外国人に質問されることが面白くなさそうだった。多少てこずったが、ポアロは大佐がインドからイギリスに旅行していることを聞き出した。大佐は3日間バグダッドに立ち寄り、昔の友人に会っていた。

「デベナムさんにはバグダッドで会われたのですか?」ポアロが尋ねた。
「いや、キルクークからニシビンまでの列車のなかで会った」
「デベナムさんはイギリス人女性です」ポアロが言って、身を乗り出した。「イギリス人男性として、彼女のことをどう思われますか?」

「なんという質問をするのだ?」アーバスノット大佐が腹を立てた。「デベナムさんは淑女ですぞ」

"Well, there is evidence that this murder was committed by a woman. I must understand the character of each woman on this train, but English women are very hard to read. Can you help me?"

"I can assure you that Miss Debenham had nothing to do with this," said Arbuthnot.

"I see. Then let's move on. The crime may have been committed at around 1:15 a.m. What you were doing at that time?"

"I was talking with that young American, MacQueen, in his room. We happened to start talking yesterday and ended up having a long conversation about politics. We got off the train at Vincovci for a smoke, but it was too cold outside and we came back in."

"Do you smoke cigarettes?"

"No, a pipe."

"What time did you end the conversation?"

"Around two, I believe. I returned to my room and went to bed."

"And during the time you were speaking to Mr. MacQueen, did you see anyone walk up or down the hall?"

■read 動 ～を見抜く　■assure 動 ～であると断言する　■move on 先へ進む
■happen to たまたま～する　■end up 結局～することになる　■walk up or down
～を行ったり来たりする

「実は、この殺人の犯人は女性だという証拠があります。この列車のすべての女性の性格を知っておく必要があるのです。しかし、イギリス人女性は感情を表に出しません。協力していただけませんか？」

「デベナムさんは、この事件にまったく関係がないと断言できる」大佐が言った。
「なるほど。では次に進みましょう。犯行は午前1時15分ごろに行われた可能性があります。その時間、何をなさっていましたか？」

「アメリカ人の青年、マックィーンと彼の部屋で話をしていた。昨日、ふとしたことで話を始め、長いあいだ政治に関する話をすることになった。たばこを吸おうとヴィンコヴチ駅で列車を降りた。しかし、外は寒すぎたので、列車に戻った」

「紙巻たばこを吸われますか？」
「いや、パイプだ」
「会話は何時に終わりましたか？」
「2時ごろだったと思う。それから自分の部屋に戻ってベッドに入った」

「マックィーンさんと話をされているあいだに、通路を行ったり来たりする人を見かけませんでしたか？」

"It's hard to remember... Yes. I think a woman may have walked by. I didn't see her exactly, but I noticed a fruity smell and some movement past the door. I assume it was a woman."

"Do you know of the Armstrong case?"

When the colonel shook his head, Poirot explained the case and Ratchett's real name. The colonel was shocked, but he did not know any of the Armstrong family.

"Well, is there anything else at all that you'd like to mention?" asked Poirot.

"There is something," said the Colonel. "It's probably nothing, but when I was going back to my room, I noticed the man in the farthest room had his door open and was watching the hall. When he noticed me, he quickly shut his door, as if he didn't want to be seen. Perhaps it's not important..."

"That's interesting," said Poirot.

"Yes, well..." said the Colonel, and he got up to leave.

After he was gone, Poirot sat back.

"He is the only man who admits to smoking a pipe," he said.

■walk by 通りかかる　■past 前 〜のそばを通り過ぎて　■assume 動 〜と見なす
■farthest 形 最も遠くの　■admit 動 〜を認める

「思い出せそうもないな……そうだ、女がひとり、通り過ぎた気がする。ちゃんと見たわけではないが、果物のような香りと、何かがドアの前を通り過ぎることに気がついた。たしかに女だったね」
「アームストロング誘拐事件のことはご存知ですか？」
　大佐が首を横に振ると、ポアロは事件を説明し、ラチェットの本名を告げた。大佐は驚いたが、アームストロング家の誰のことも知らなかった。

「ところで、どんなことでもかまいませんから、ほかに言っておきたいことはありませんか？」ポアロが訊いた。
「気になることがある」大佐が言った。「たぶんたいしたことでないと思うが、部屋に戻る途中、1番端の部屋の男がドアを開けて通路をのぞいていることに気づいた。私の姿に気づくと、すぐにドアを閉めた。まるで自分の姿を見られたくないようだった。おそらく、重要なことではないだろうが……」
「興味深い話です」ポアロが言った。
「そうかね、それでは……」大佐はそう言うと、出て行こうとして立ち上がった。
　大佐が立ち去ると、ポアロは深く腰をかけた。
「パイプを吸うことを認めたのは大佐だけだ」彼は言った。

Chapter 9
Mr. Hardman

The last of the first-class passengers was Mr. Hardman, the American salesman.

"How can I help you gentlemen?" he asked with a bright smile.

"We're investigating the murder that was committed last night. We need to ask you what you did last night after dinner," said Poirot.

The bright smile faded.

"Sorry for asking, but who exactly are you gentlemen?" Hardman said.

Poirot explained the positions of himself, Mr. Bouc, and Dr. Constantine.

■investigate 動 調査する ■fade 動 消えていく ■exactly 副 いったいぜんたい

第9章
ハードマン氏の証言

　一等室の乗客の最後はハードマン氏だった。アメリカ人のセールスマンである。
　「ぼくに何かご用ですか、みなさん？」彼はにこやかに訊いた。

　「昨夜の殺人事件を調べています。昨夜、夕食後に何をしていたか教えてください」ポアロが言った。

　にこやかな笑みが消えた。
　「すみませんが、みなさんはいったい何者なのですか？」ハードマンが訊いた。
　ポアロは自分や、ブーク氏、コンスタンチン医師の立場を説明した。

"Hercule Poirot," said Hardman. "I've heard of you. I guess I better tell you the truth. Actually, I'm a private detective too."

Hardman passed Poirot a business card. It read, "Cyrus Hardman, McNeil's Detective Agency, New York."

Poirot knew the agency. It was one of the best in America.

"What brings you here, Mr. Hardman?"

"I was investigating a case in Istanbul. When I finished, I was going to return home to New York but I received a letter from Mr. Ratchett at the Hotel Tokatlian. It said he knew I worked for McNeil's, and he had hired me for his protection."

"Continue," said Poirot.

"I met him at the hotel and he showed me the threatening letters he had received. My job was to travel with him and to make sure nobody touched him. Well, somebody certainly got to him. Ratchett told me what this murderer would probably look like."

■private detective 私立探偵　■pass 動手わたす　■detective agency 探偵社
■protection 名保護

「エルキュール・ポアロですか」ハードマンが言った。「あなたの評判は聞いています。本当のことを言ったほうがよさそうですね。実は、ぼくも私立探偵なのです」

ハードマンはポアロに名刺をわたした。そこには「サイラス・ハードマン、マクニール探偵社、ニューヨーク」と書かれていた。

ポアロはその探偵社を知っていた。アメリカで最も評判のいい探偵社のひとつだった。

「どうしてこの列車に乗っているのですか、ハードマンさん？」

「イスタンブールで事件を調査していました。仕事が終わり、ニューヨークに帰国しようとしましたが、トカトリアン・ホテルでラチェット氏からの手紙を受け取りました。手紙には、彼はぼくがマクニール社で働いていることを知っていて、身辺警護のためにぼくを雇ったと書いてありました」

「つづけてください」ポアロが言った。

「ホテルでラチェット氏に会うと、受け取った脅迫状を見せられました。ぼくの仕事は、旅に同行して、彼の身を守ることでした。ええ、たしかに誰かが彼を狙っていたのです。ラチェットは殺人者のおおよその特徴を教えてくれました」

"Really?" said Poirot in surprise. "What was the description?"

"Ratchett said he would be a small, dark man with a womanish voice," said Hardman.

"Hmm," said Poirot thoughtfully. "You know who Ratchett was, don't you? He was Cassetti of the Armstrong kidnapping case."

Hardman's eyes opened wide.

"Really! Now, that *is* a surprise! Of course I know the case but I was out West when it happened."

"Well, please continue with your story."

"There's not much to tell. Once Ratchett hired me, I slept during the day and stayed awake at night. I opened my door a little to keep watch for anyone going into Ratchett's room. Last night I watched the hall as usual, but I didn't see any strangers come on the train."

"None at all?"

"No, sir."

"Could you see the conductor from where you were?"

■description 名 説明　■dark 形（肌などが）浅黒い　■womanish 形（男性が）女性のような　■West 名 西側諸国　■none at all 全然ない

「本当ですか？」ポアロは驚いて尋ねた。「どんな特徴ですか？」

「ラチェットによると、殺人者は小柄で、浅黒く、女のような声をした男だそうです」ハードマンが答えた。

「うーん」ポアロが考え込んでつぶやいた。「ラチェットの正体を知っていましたか？　本名はカセッティで、アームストロング誘拐事件の犯人です」

ハードマンは目を大きく開いた。

「そうなんですか！　ああ、驚きだ！　もちろん事件のことは知っていますが、事件が起きたときヨーロッパにいたのです」

「さあ、話をつづけてください」

「もうそんなに言うことはありません。ラチェットに雇われてから、昼間は眠り、夜間に起きていました。部屋のドアを少し開けて、誰かがラチェットの部屋に入らないか見張りました。昨夜、いつものように通路を見張っていましたが、見たことのない人間が列車に乗り込んで来ることはありませんでした」

「まったくなかったのですね？」

「そうです」

「あなたのいたところから、車掌が見えましたか？」

"Yes, he was close by. He had a busy night. After Vincovci, the train came to a stop—because of the snow, I'm told. He answered a bell and someone said in French that it was a mistake. Then he answered another bell and he told the German lady to visit someone else's room—the Russian lady's, I guess. Then he went into the rear car for about fifteen minutes, but a bell starting ringing like crazy. He came back to answer it. It was the American woman. Then another bell rang and he got a bottle of water for someone. After that he sat down at his seat until the American secretary needed his bed made. I don't think he moved after that until about five this morning."

"Your information is most helpful," said Poirot. "Would you like a cigarette before you go, or perhaps you prefer the pipe?"

"Cigarettes for me," said Hardman, and he took one as he left.

The three men sat back, deep in thought.

"A small, dark man with a womanish voice," said Bouc.

"A description that does not fit anyone on this train," said Poirot.

■close by すぐ近くに ■rear 形 後方の ■sit back 深く腰掛ける

「はい、車掌は近くにいましたから。その夜はとても忙しそうでした。ヴィンコヴチ駅を出たあとで列車が止まりました——雪のせいだと聞いています。車掌がベルで呼ばれて誰かの部屋に行くと、部屋のなかから間違っただけだとフランス語で言う声がしました。それから別のベルが鳴ると、車掌はドイツの婦人に、誰かの部屋に——たぶん、ロシアの婦人のところに——行くように言いました。そのあと、後方の車両に15分ほど出かけていました。ところが、ベルが狂ったように鳴り始めました。車掌は戻って来てベルのところに行きました。アメリカの婦人の部屋でした。

すると、またベルが鳴り、車掌は誰かの部屋に水の瓶を1本届けました。その後はアメリカ人秘書のベッドの用意をするまで、自分の席に座っていました。それから午前5時ごろまでずっと腰かけていました」

「貴重な情報をありがとうございました」ポアロが言った。「部屋を出られる前に、紙巻たばこはいかがですか、それともパイプのほうがよろしいですか？」

「では紙巻たばこを」ハードマンは答えると、1本抜いて部屋を去った。

3人の男たちは深く腰かけ、考えにふけった。
「小柄で、浅黒く、女のような声をした男」ブークがつぶやいた。
「列車のなかの誰にも当てはまらないですね」ポアロが言った。

Chapter 10
The Italian

Antonio Foscarelli came to the dining car smiling. He was Italian by birth but had become an American citizen. He was a salesman for Ford Motor Company. He explained all about his work, his travels, and the car industry. He certainly did not hide anything.

When Foscarelli stopped to take a breath, Poirot told him who Ratchett really was. Foscarelli was shocked.

"I remember the Armstrong case," he said. "A girl—a baby, I think—was kidnapped, yes?"

"Yes. Do you know or have you ever seen any of the Armstrongs?"

"No, I don't think so. But in America there are all sorts of people. Who knows whom one meets?"

"What did you do last night after dinner?"

■citizen 名国民　■take a breath 息をする　■sort 名種類

第10章
イタリア人の証言

　アントニオ・フォスカレリが微笑みながら食堂車にやって来た。生まれはイタリアだが、アメリカに帰化して、フォード自動車会社の販売員をしている。彼は自分の仕事、旅行、自動車業界について何もかも語った。隠し事などなさそうだった。

　フォスカレリが話を止めて息をつくと、ポアロはラチェットの正体を話した。フォスカレリは驚いた。
　「アームストロング事件のことは覚えています」彼が言った。「女の子が——たしか、ずいぶん幼い子が——誘拐された、そうですよね？」
　「そうです。アームストロング家の誰かを知っていた、あるいは会ったことはありますか？」
　「いいえ、ありません。しかし、アメリカにはあらゆる種類の人間がいますから、会った人をいちいち覚えていられませんよね？」
　「昨夜、夕食後に何をしていましたか？」

"I stayed in the dining car as long as I could. I like talking to people. I talked with the American salesman, then I went back to my room. It was empty—the British valet, I suppose, was in his employer's room. When he came back, he just sat in the corner and read. He is very boring."

"And then?"

"The conductor came to make our beds. I am in the top bed, so I climbed up to smoke and read. I fell asleep."

"Did anybody come in or out of your room during the night?"

"I don't think so. I would have heard it."

"Do you smoke a pipe?"

"No, only cigarettes."

"Thank you, Mr. Foscarelli. That will be all."

Foscarelli smiled warmly and wished the men a good day.

"He must be the killer!" said Bouc after he was gone. "He is Italian! Only Italians would stab someone twelve times in a fit of anger! Besides, Cassetti is an Italian name. They were probably criminals together."

■boring 形 退屈な　■top bed 二段ベッドの上段　■wish someone a good day ～のよい1日を願う、おいとまする　■in a fit of anger 怒りに駆られて

136　Chapter 10 The Italian

「できるだけ長く、食堂車にいました。人と話すのが好きですからね。アメリカ人のセールスマンとしゃべり、そのあと部屋に戻りました。部屋は空でした——イギリス人の従者は、おそらく雇い主の部屋に行っていたのでしょう。戻って来ると、端っこに座って本を読んでいました。退屈な男ですよ」

「それからどうしました？」

「車掌が来てわたしたちのベッドの支度をしてくれました。私は上段なので、ベッドに上がり、たばこを吸って読書しました。そのうち眠ってしまいました」

「夜のうちに誰かがあなたの部屋に出入りしませんでしたか？」

「そんなことはなかったと思います。それなら音が聞こえたはずですから」

「パイプを吸いますか？」

「いいえ、紙巻たばこだけです」

「ありがとうございます、フォスカレリさん。これで終わりです」

フォスカレリは暖かい微笑を浮かべ、3人の男にごきげんようと言った。

「彼が殺人犯に違いない！」イタリア人が去るとブークが言った。「彼はイタリア人だ！ 怒りに駆られて人を12回も刺せるのはイタリア人だけだ。そのうえ、カセッティはイタリア人の名前だ。おそらくふたりは、犯罪仲間でしょう」

第10章 イタリア人の証言

"You jump to conclusions, my friend," said Poirot. "I disagree that this murder was a crime of passion. I believe it was carefully planned over a long time. The murderer, I believe, is someone with a sensible mind. Someone like Mary Debenham. Let's call her in."

■jump to conclusions 安易に結論へ急ぐ　■passion 図激情

「あなたは結論に飛びつきすぎます、友よ」ポアロが言った。「今回の殺人が激情に駆られたものだとは思えません。長いあいだに周到に計画されたのです。わたしが思うに、犯人は冷静な心の持ち主です。メアリ・デベナムのようにね。さあ、彼女を呼び出しましょう」

Chapter 11
Miss Debenham

Miss Debenham entered the dining car. She was calm and neatly dressed in a black suit. She sat across from Poirot.

"Your name is Mary Hermione Debenham and you are twenty-six years old?" asked Poirot.

"Yes."

"Tell me what you did after dinner last night."

"There's not much to tell. I went to bed and slept," she said. She was extremely calm.

"Does it bother you at all that a murder occurred on this train?"

The question surprised Miss Debenham.

"I...No, it doesn't bother me especially. Why would you ask that?"

"You show very little emotion, Miss Debenham."

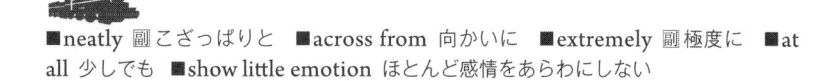

■neatly 副 こざっぱりと ■across from 向かいに ■extremely 副 極度に ■at all 少しでも ■show little emotion ほとんど感情をあらわにしない

第11章
デベナム嬢の証言

　デベナム嬢が食堂車に来た。落ち着いて、黒いスーツにすっきりと身を包んでいた。彼女はポアロの真向かいに座った。
　「お名前はメアリ・ハーマイオニー・デベナムで、年齢は26歳ですね？」ポアロが尋ねた。
　「そうです」
　「昨夜、夕食後はどうされていましたか？」
　「言うほどのこともありません。ベッドに入って眠りました」彼女が答えた。極度に落ち着いていた。
　「この列車で殺人が起こったことは、少しも気にならなかったのですか？」
　この質問にデベナム嬢は驚いた。
　「わたしは……いいえ、特に気になりませんでした。どうしてそのようなことをお尋ねになるのですか？」
　「ほとんど感情を表されないからです、デベナムさん」

"Well, people die every day. I won't fall into hysterics over it."

"Do you know who Ratchett really was?"

She nodded.

"Mrs. Hubbard has been telling everyone."

"You are traveling from Baghdad to London?"

She nodded again.

"What have you been doing in Baghdad?"

"I work as a governess. I'm visiting London on holiday."

"You share a room with Greta Ohlsson. What color is her dressing gown?"

Miss Debenham stared.

"Light brown, I believe."

"And your own?"

"Purple."

"Thank you, that is all," said Poirot coldly.

The young woman seemed surprised that the interview ended so quickly and on such a strange note. She left quickly, leaving the three men to themselves.

■hysteric 名ヒステリー ■governess 名女性家庭教師 ■stare 動目を見開く
■note 名様子 ■leave to oneself (人を)放置する

142　Chapter 11　Miss Debenham

「だって、毎日のように人は亡くなります。そのようなことでヒステリーを起こしはしません」
「ラチェットの正体をご存知ですか？」
彼女はうなずいた。
「ハバード夫人がみんなに話されていました」
「あなたはバグダッドからロンドンに行かれるのですね？」
ふたたび、彼女がうなずいた。
「バグダッドでは何をされていましたか？」
「家庭教師をしていました。ロンドンには休暇で参ります」
「グレタ・オルソンさんと同室ですね。彼女のガウンは何色ですか？」

デベナム嬢が目を見開いてポアロを見つめた。
「薄茶色だと思います」
「それであなたのは？」
「紫色です」
「ありがとうございます。これで終わりです」ポアロが冷やかに言った。
若い女性は面接があまりに早く、よそよそしい調子で終わったことに驚いたようだった。彼女は急いで立ち去り、3人の男たちが残された。

Chapter 12
Hildegarde Schmidt

Bouc turned to Poirot after Mary Debenham left.

"Why were you so cold to her, my friend? Do you suspect her?"

"There are two reasons," said Poirot. "First, Miss Debenham shows no emotions. She reveals very little about herself, and I thought it might be useful to shake her up. Second, I do suspect her."

Poirot's two companions looked at him with surprise, and Poirot explained what he had heard Mary Debenham say to Colonel Arbuthnot on the journey from Aleppo.

"That is strange," said Dr. Constantine. "Do you think she and the colonel are in this together? Two murderers, a man and a woman, would explain some of the wounds on the body."

■reveal 動（隠されたものを）見せる　■shake someone up ～に揺さぶりをかける
■wound 名傷　■body 名死体

第12章
ドイツ人メイドの証言

　メアリ・デベナムが去ると、ブークがポアロに向き直った。
「どうしてあの人にあんなに冷たくしたのですか、友よ？　彼女を疑っているのですか？」
「理由はふたつあります」ポアロが言った。「最初に、デベナム嬢はまったく感情を表さない。自分の気持ちをほとんど明かしません。それで、彼女を揺さぶるのが役に立つと考えたのです、次に、わたしは本当に彼女を疑っているからです」
　ポアロのふたりの仲間が驚いて彼を見つめたので、ポアロはアレッポからの旅中にメアリ・デベナムがアーバスノット大佐に言った言葉を耳にしたことを話した。
「たしかに妙ですな」コンスタンチン医師が言った。「彼女と大佐が共犯だとお考えですか？　殺人者がふたり、男と女というのは、死体に残ったいくつかの傷の説明がつきます」

"Yes, but none of the other facts support it," said Poirot. "If the colonel and Miss Debenham had planned this murder together, we would expect them to provide an alibi for each other. But no. Mary Debenham's alibi is provided by a Swedish woman she has never met before, and the colonel's alibi is provided by MacQueen, the dead man's secretary. It doesn't make sense."

The other two agreed.

"We must now interview our last passenger," said Poirot. "Let's have Hildegarde Schmidt come in."

The German maid came in respectfully. With a kind smile and speaking polite German, Poirot began to interview Hildegarde Schmidt. He asked her to tell him about her movements last night.

"I went to sleep after dinner, but the conductor came to say Princess Dragomiroff wanted me."

"Do you know what time that was?"

"No, sir, I did not look at the clock."

"So you put on your red dressing gown and went to the princess?"

Hildegarde looked at Poirot with a puzzled look.

■expect 動 ～を当然と期待する　■alibi 名 アリバイ　■make sense 道理にかなう
■respectfully 形 礼儀正しく　■put on ～を身につける

「そうです。しかし、それを支える事実がまったくありません」ポアロが言った。「大佐とデベナム嬢がふたりで殺人を企てたとしたら、お互いにアリバイを証明するはずです。しかし、そうではありませんでした。メアリ・デベナムのアリバイは、彼女がこれまで会ったことのないスウェーデン人の女性が証明し、大佐のアリバイを証明したのは、殺された男の秘書、マックィーンです。それでは筋が通りません」

ブークとコンスタンチンが同意した。
「さて、最後の乗客の面接を始めましょう」ポアロが言った。「ヒルデガルデ・シュミットを呼んでください」
ドイツ人のメイドが礼儀正しく入って来た。ポアロは親切そうな笑みを浮かべ、丁寧なドイツ語で、ヒルデガルデ・シュミットへの質問を始めた。まず、昨夜の行動について尋ねた。

「夕食後は、寝ていました。ところが、車掌が来てドラゴミロフ公爵夫人がお呼びだと言いました」
「何時だったかわかりますか？」
「いいえ、時計を見ませんでしたので」
「それで、赤いガウンを羽織って公爵夫人のところに行ったのですね？」

ヒルデガルデは戸惑った顔でポアロを見つめた。

第12章 ドイツ人メイドの証言

"No, my gown is dark blue. But I did not put on my dressing gown, I put on some clothes. I would not like to have the princess see me in my dressing gown."

"Of course. Excuse me. Please continue," said Poirot.

"I massaged the princess and read to her. I do not read very well, but the princess likes it. She says it makes her sleepy. When she became sleepy, I went to my room to get an extra blanket for her. I came back to her room, covered her with the blanket, then went to my room and slept."

"Did you meet any strangers in the hall?"

"No, sir."

"Did you see a lady in a red dress in the hall?"

"No, sir."

"Did you see the conductor?"

"Yes. He came out of someone's room about two or three down from the princess."

"I see. He often has to answer bells at night and go into passengers' rooms."

■have someone see（人に）〜を見せる　■cover 動 〜をくるむ　■stranger 名 見知らぬ人

「いいえ、わたしのガウンは紺青色です。どちらにしても、ガウンを着ませんでした。服に着替えたのです。ガウン姿で奥さまのところに行きたくありませんでしたから」
「もちろんです。失礼しました。先をつづけてください」ポアロが促した。
「奥さまにマッサージをして本を読んで差し上げました。じょうずに読めないのですが、奥さまはそれを好まれるのです。眠くなるからだそうです。うとうとされたので、毛布を1枚取りに、自分の部屋に戻りました。奥さまの部屋に行って毛布をおかけして、部屋に戻って眠りました」

「通路で、見知らぬ人に出会いませんでしたか？」
「いいえ」
「通路で赤いガウンの女性を見かけませんでしたか？」
「いいえ」
「車掌を見かけましたか？」
「はい、奥さまのお部屋から2、3室離れた部屋から出てきました」

「なるほど。車掌は夜のあいだ、しょっちゅうベルに呼び出されて、乗客の部屋に行っていましたからね」

第12章 ドイツ人メイドの証言

"He almost ran into me. It was when I was bringing the blanket to the princess. He was going toward the dining car. A bell started ringing but he didn't answer it. And it was not the same conductor who woke me. It was another conductor."

"Another one! Would you recognize him if you saw him?"

"I think so, sir."

Poirot whispered something to Bouc. Bouc left the dining car and returned with the three conductors.

"Miss Schmidt," said Bouc. "Could you please tell us which one of the conductors you ran into last night?"

Hildegarde Schmidt immediately shook her head.

"None of these is the man I saw last night," she said.

"But these are the only conductors on the train," said Bouc.

"I am quite sure. These are all tall, big men. The one I saw was small and dark. He had a little mustache. His voice when he said 'Pardon,' was weak, like a woman's. I remember him well."

■run into ～にぶつかる　■recognize 動 ～の見分けがつく　■whisper 動 ささやく　■mustache 名 口ひげ　■Pardon. 失礼。

「車掌はもう少しでわたしとぶつかりそうになりました。奥さまに毛布を持って行くときです。車掌は食堂車の方に向かっていました。そのときベルが鳴ったのですが、そちらの方には行きませんでした。おまけに、その車掌はわたしを呼びに来た車掌ではなく、別の人でした」

「別人ですと！　会えばわかりますか？」

「たぶん、わかると思います」

ポアロはブークに何やらささやいた。ブークは食堂車から出て行き、3人の車掌を連れて戻って来た。

「シュミットさん」ブークが言った。「昨夜ぶつかったのはどの車掌か教えていただけますか？」

ヒルデガルデ・シュミットは、すぐさま首を横に振った。

「昨夜、ぶつかった車掌はここにいません」彼女が答えた。

「しかし、この列車にはほかに車掌はいないのですよ」ブークが言った。

「間違いありません。ここにいるのは背が高く、恰幅が良い人たちばかりです。わたしが見かけた車掌は、小柄で、浅黒く、少し口ひげがありました。『すみません』と謝ったとき、弱々しくて女性のような声でした。ええ、はっきりと覚えています」

Chapter 13
Summary of the Passengers' Evidence

"A small, dark man with a womanish voice," said Bouc thoughtfully after Hildegarde left. "It doesn't make sense! We have talked to all the passengers but we have gotten nowhere!"

"That's not entirely true, my friend," said Poirot. "We have some facts and some new questions. First, Ratchett, or Cassetti, was stabbed twelve times and died last night. There are three possibilities as to the time of the crime. The broken watch makes us think that he died at 1:15. But it's possible that the crime happened earlier or later and the evidence of the watch was faked.

"Now, if we believe the first option, that the murder happened at 1:15, then we must also believe that the murderer is still on this train, as there is no possible way for him to have left without leaving footprints in the snow.

■get nowhere 何の成果もない ■possibility 名可能性 ■faked 形偽造の
■option 名選択肢 ■footprint 名足跡

第13章
乗客の証言のまとめ

「小柄で、浅黒く、女のような声をした男」ヒルデガルデが去ったあと、ブークが考え込んで言った。「どうも理解できない！　すべての乗客と話をしたのに、何ひとつわからないとは！」

「そうだとは言い切れません、友よ」ポアロが言った。「いくつかの事実がわかっていますし、新たな疑問もあります。まず、ラチェット、つまりカセッティが昨夜、12か所を刺され、殺されたことです。犯行時刻については3つの可能性があります。壊れた時計から、われわれは彼が1時15分に死んだと考えました。しかし、犯行はその前か後に行われ、時計は偽装工作であると考えることもできます。

さて、最初の選択肢を信じる、つまり犯行時刻が1時15分だったとしたら、犯人はまだこの列車にいるはずです。雪の上に足跡を残さずに出て行くのは不可能だからです。

"As for a description of the murderer, Hardman tells us of a small, dark man with a womanish voice. Hildegarde Schmidt confirms this. There is also the conductor's button found in Mrs. Hubbard's room."

"But if Hildegarde is telling the truth," said Constantine, "why didn't Pierre Michel mention seeing her or the other conductor in the hall?"

"I believe he was still in Mrs. Hubbard's room," said Poirot.

"Yes, fine," said Bouc losing his patience, "but *where* did this small, dark man go?"

"This is the interesting point. There are only two possible answers to that question: either he is hiding somewhere so incredible on this train that we can't find him, or he is hiding *as a passenger on this train*. This rules out some passengers. MacQueen, Arbuthnot, Foscarelli, and Count Andrenyi are all too big. Only the valet is a small man. On the other hand, the murderer may have been a woman wearing a conductor's uniform."

Constantine and Bouc sat deep in thought.

■confirm 動裏付ける ■lose one's patience しびれを切らす ■incredible 形信じられないほどすごい ■rule out 除外する

犯人の特徴に関しては、ハードマンが、小柄で、浅黒く、女のような声をした男と証言しました。ヒルデガルデ・シュミットがそれを裏づけています。さらに、ハバード夫人の部屋で見つかった車掌のボタンがあります」

「しかし、ヒルデガルデの言うことが真実なら」コンスタンチンが言った。「なぜピエール・ミッシェルは、彼女か、もうひとりの車掌を通路で見かけたと言わなかったのだろう？」
「ピエールは、まだハバード夫人の部屋にいたのでしょう」ポアロが言った。
「ええ、そうです、そうです」ブークがいらいらして言った。「しかしあの小柄で浅黒い男はどこに行ったというのです？」
「興味深い点です。その疑問には答えが２つだけ考えられます。彼がこの列車のどこかに非常に巧妙に隠れているので見つけることができない、あるいは、乗客としてこの列車にまぎれ込んでいるかのいずれかです。このことから数人の乗客が除外されます。マックィーン、アーバスノット、フォスカレリ、アンドレニ伯爵は大きすぎます。小柄なのは従者だけです。一方、犯人は車掌の制服を着た女である可能性もあります」

　コンスタンチンとブークは座ってじっと考え込んだ。

"There is another question," continued Poirot. "Who is the woman in red seen by Pierre Michel, Miss Debenham, MacQueen, and myself—and smelt by Colonel Arbuthnot? She, like the extra conductor, has disappeared. Where is she? And where is the conductor's uniform and the red dressing gown?"

"That's it!" cried Bouc. "We shall search all the luggage on the train!"

Just as the three men rose to conduct the search, a scream was heard down the hall. In a moment, Mrs. Hubbard burst into the dining car.

"Terrible!" she yelled. "It's too terrible! In my sponge bag! A big knife—all bloody—"

Suddenly, she fell onto Mr. Bouc in a dead faint.

■That's it! それだ！　■luggage 图手荷物　■burst into 〜に飛び込む　■yell 動わめく　■dead faint 気絶

「もうひとつ疑問があります」ポアロがつづけた。「赤いガウンの女は誰かということです。目撃したのはピエール・ミシェル、デベナム嬢、マックィーン、それにわたしです——アーバスノット大佐は香りを嗅いでいます。彼女も、もうひとりの車掌と同様、消えてしまいました。彼女はどこにいるのか？ 車掌の制服と赤いガウンはどこにあるのでしょう？」

「そうだ！」ブークが叫んだ。「列車のなかのすべての荷物を検査しましょう！」

3人の男が荷物検査のために立ち上がったのと同時に、通路の向こうから悲鳴が聞こえた。直後にハバード夫人が食堂車に飛び込んで来た。

「恐ろしい！」夫人が叫んだ。「なんて恐ろしいこと！ わたくしの化粧ポーチに！ 大きな短剣が——血まみれの——」

突然、夫人は気絶してブークの上に倒れ込んだ。

Chapter 14
The Weapon

After calling for an attendant to look after Mrs. Hubbard, Poirot, Constantine, and Bouc rushed to her room. A crowd had gathered around her door. Pierre Michel, who was guarding the door, let the three men in.

"It's there," he said, pointing to the floor. "I haven't touched it."

They saw a sponge bag hanging on the door to the next room. There, on the floor under the bag, was the knife, where Mrs. Hubbard had dropped it. It was covered in dried blood.

"What do you think, doctor?" asked Poirot, picking up the knife.

"Yes," said Constantine, "that must be the murder weapon. It could have made any of Ratchett's wounds."

■weapon 名凶器 ■look after ～の世話をする ■crowd 名人の群れ

第14章
凶器

　食堂車の給仕を呼んでハバード夫人の世話を頼むと、ポアロ、コンスタンチン、ブークは夫人の部屋に駆けつけた。ドアのまわりに人々が集まっていた。ドアの番をしていたピエール・ミシェルが、3人の男たちをなかに通した。
「そこにあります」床を指さしながら、車掌が言った。「わたしは手を触れていません」
　隣室に通じるドアに化粧ポーチがかかっていた。その下の床には、ハバード夫人の手から落ちたと思われる場所に短剣がころがっていた。表面に乾いた血がこびりついていた。
「どう思われます、先生？」短剣を拾い上げながら、ポアロが尋ねた。

「そうですな」コンスタンチンが答えた。「凶器に間違いありません。これならラチェットのどの傷にも一致するでしょう」

Poirot looked at the bag hanging from the door handle. About a foot above the handle was the lock. Poirot stared at the lock for a long time. He seemed to be deep in thought.

Just then, Mrs. Hubbard entered the room.

"I must say," she announced, "I cannot stay in this room another night! I refuse! I'd rather sit in the hall than sleep in here!" She began to cry.

"Of course, madam!" said Bouc, rushing to her side. "We will move you immediately. You shall have a room on the Athens–Paris car. It is empty aside from me and Dr. Constantine."

"Oh," said Mrs. Hubbard, wiping her eyes, "that's kind. I've had a terrible time in this room. And to sleep next to a dead man would drive me crazy!"

"We'll move your things now," said Bouc, and he hurried her into the next car. Poirot and Constantine followed.

In her new room, Mrs. Hubbard looked around her happily.

"This will do nicely," she said.

■foot 名 フィート《およそ30cm》 ■refuse 動 拒否する ■aside from 〜を除いては
■wipe 動 ぬぐう ■drive 動 (悪い状態などに) 至らせる

ポアロはドアの取っ手にかかっている化粧ポーチを見つめた。取っ手の30センチほど上に錠があった。ポアロは長いあいだ錠を食い入るように見ていた。深く考え込んでいるようだった。
　ちょうどそのとき、ハバード夫人が部屋に入って来た。
「言っておきますが」夫人が宣言した。「この部屋には一晩だっていられません！　絶対にいやです！　ここで寝るのなら通路に座っているほうがましです！」そう言うと、夫人が泣き出した。
「もちろんです、奥さま！」ブークが夫人のそばに走り寄って言った。「すぐに移っていただきます。アテネ‐パリ間の車両の部屋を使っていただきましょう。わたしとコンスタンチン医師のほかに誰もおりません」

「まあ」ハバード夫人が涙をふきながら言った。「ご親切なこと。この部屋では恐ろしい思いをしました。それに、死んだ男の隣の部屋で寝るなんて、気が狂ってしまいますわ！」
「すぐに、お荷物を運ばせましょう」ブークが言って、隣の車両に急いで夫人を連れて行った。ポアロとコンスタンチンもあとにつづいた。
　新しい部屋に移ると、ハバード夫人はうれしそうに室内を見回した。

「けっこうですわ」夫人が言った。

"I am still curious, madam, how the man entered your room if the door was locked," said Poirot. "You had Greta Ohlsson check the lock, didn't you?"

"Yes, because I couldn't see it, remember? My sponge bag was hanging on the handle. I shall have to get a new bag—"

"Miss Ohlsson lifted the bag out of the way to check the lock?" asked Poirot.

"Yes, that's what I've been telling you!"

"Of course," said Poirot. "Now, I must ask you for permission to look into your bags. We will be searching everybody's luggage."

Mrs. Hubbard agreed. The men took down her suitcase and looked through it but found nothing. They thanked her and moved onto the other passengers.

■out of the way 邪魔にならないようにどけて　■permission 图許可　■move onto 次の〜に移る

「いまだに腑に落ちないことがあるのですが、奥さま。ドアに錠がかかっていたのなら、どうやって犯人はあなたの部屋に入ったのでしょうな」ポアロが言った。「グレタ・オルソンに錠を調べてもらったのですね？」

「そうです。だって、錠が見えなかったのですもの、覚えてらっしゃらない？　化粧ポーチが取っ手にかかっていたのよ。新しいポーチを買わなくては——」

「オルソンさんがポーチを持ち上げて、錠を調べたのですか？」ポアロが尋ねた。

「そうです。そう言っているじゃないの！」

「わかっております」ポアロが言った。「さて、あなたのお荷物を調べる許可をいただきたい。みなさんの荷物を調べることになっておりますので」

ハバード夫人は同意した。ポアロたちは夫人のスーツケースを降ろして、くまなく調べたが、何も発見できなかった。彼らは夫人に礼を言って、ほかの乗客の荷物検査に移った。

Chapter 15
The Luggage

It did not take very long for the men to search each passenger's bags. They started with Hardman, who didn't seem to mind being searched.

"I was wondering why you hadn't done this earlier," he told Poirot with a smile. "I suppose the American way is to do things immediately—no waiting around."

"The American way is much more effective than the European way," said Poirot smiling back. "But, when it comes to women, I believe I prefer Europeans better. A beautiful French girl when she smiles—there is nothing better!"

Hardman looked out the window. When he looked back, his eyes were wet.

"That snow is too bright to look at," he said, wiping his eyes. Just then, Bouc finished his search. He had discovered nothing, and they moved on.

■mind 動 ～を嫌がる ■wonder 動 ～を不思議に思う ■wait around ブラブラしながら待つ ■move on 先へ進む

第15章
乗客の荷物

　ポアロたちがそれぞれの乗客の荷物を調べるのにそれほど長くはかからなかった。最初にハードマンから調べた。彼は荷物検査を気にしているように見えなかった。

　「どうしてもっと早く検査しないのかと思っていました」彼は笑みを浮かべてポアロに言った。「アメリカのやり方だと、すぐに取りかかりますね——ぐずぐず待ったりしません」

　「アメリカのやり方はヨーロッパより、はるかに効果的でしょうね」ポアロが言って微笑み返した。「しかし、女性となると、ヨーロッパのほうが良いですね。きれいなフランス娘がにっこりすると——これに勝るものはありません！」

　ハードマンは窓の外に目をやった。振り返ると、目に涙がたまっていた。

　「雪がまぶしすぎて、目に沁みますね」そう言って、目をふいた。ちょうどそのとき、ブークが検査を終えた。何も見つからなかったので、次に進んだ。

Colonel Arbuthnot was next. He sat smoking his pipe and didn't object when they searched his bags. They discovered a package of pipe cleaners. They were the kind found in Ratchett's room. Poirot took them as evidence and moved on.

Princess Dragomiroff was next, then the Count and Countess. Each agreed to being searched, and each produced nothing of interest. After that was Mrs. Hubbard's old room, then Ratchett's, then Poirot's. They skipped these, and then moved on to the second-class cars. The first belonged to Mary Debenham and Greta Ohlsson.

"Miss Ohlsson," said Poirot. "I believe Mrs. Hubbard has had a difficult day. Would you be so kind as to check on her?"

"Oh, yes!" said Greta, standing up. "Poor woman. I will go to her now."

After she left, Poirot turned his eyes to Mary Debenham.

"You did that to get me alone," she said.

"I just wanted to ask you something privately. I heard you and Colonel Arbuthnot talking on the journey from Syria. You told him, 'Not now. When it's all over.' What did you mean by that?"

Mary's face burned red, but she stayed silent.

"You must tell me," said Poirot.

■object 動 異議を唱える　■produce 動 (証拠などを) 示す　■skip 動 〜の順番を飛ばす　■belong to 〜の所有である　■would you be so kind as to すみませんが〜していただけませんか

今度はアーバスノット大佐だった。大佐は腰かけてパイプをくゆらせていた。荷物を検査されてもいやな顔をしなかった。ポアロたちはパイプ・クリーナーの箱を見つけた。ラチェットの部屋で見つかったものと同じ種類だった。ポアロはパイプ・クリーナーを証拠品として持ち出し、次に進んだ。

　次はドラゴミロフ公爵夫人、それから伯爵夫妻とつづいた。みんな、検査に応じたが、興味のあるものは何も見つからなかった。そのあとにハバード夫人の元の部屋、ラチェットの部屋、ポアロの部屋があった。ポアロたちはこれらの部屋を飛ばして、二等室に移った。最初はメアリ・デベナムとグレタ・オルソンの部屋だった。

「オルソンさん」ポアロが言った。「ハバード夫人はつらい1日をすごされたようです。夫人のようすを見ていただけませんか?」

「もちろんですわ!」グレタが言って、立ち上がった。「気の毒な方。すぐに行きますわ」

　グレタが出て行くと、ポアロはメアリ・デベナムに目を向けた。

「わたしをひとりにするために、あの方を行かせたのですね」メアリが言った。

「ちょっと個人的なことを伺いたかったのです。シリアからの旅の途中にあなたとアーバスノット大佐の会話を聞きました。あなたは大佐に、『いまはおっしゃらないで。すべてがすんでから』と言われましたが、どういう意味なのですか?」

　メアリの顔は真っ赤になったが、沈黙したままだった。

「お答えいただかなくてはなりません」ポアロが言った。

"I will not," she said firmly. "I refuse. But I can tell you this: I'd never set eyes on that man Ratchett until I boarded this train."

"Even if you won't tell me," said Poirot, "I'll find out." He gave a slight bow and moved on.

Next was the room of Hildegarde Schmidt. She invited them in and stood aside as they searched her things. A small suitcase contained nothing useful, but when Bouc opened a second, larger suitcase, he cried out.

There, on top, was a rolled-up Wagon Lit conductor uniform.

Poirot immediately took a closer look to find that it was missing a silver button. He looked into the pockets and found a conductor's key.

Hildegarde's face fell.

"No!" she cried. "I swear, I don't know where that came from!"

"It's all right," said Poirot, calming her. "Please, sit. We believe you. I know that uniform is not yours, just as I know that you are a good cook."

He smiled and patted her on the arm as she sat.

"You are a good cook, aren't you?"

Confused, but calming down, she smiled.

■firmly 副断固として　■set eyes on ～を見る　■even if たとえ～だとしても
■rolled-up 形クルクルと巻いた　■swear 動誓って言う　■calm 動落ち着かせる
■pat 動軽くたたく

「言えません」メアリは断固として言った。「お断りします。でも、これだけは言えます——この列車に乗るまでは、ラチェットという男を目にしたことはありません」

「あなたがお答えにならなくても」ポアロが言った。「見つけ出します」。軽くお辞儀をしてポアロは次に進んだ。

次はヒルデガルデ・シュミットの部屋だった。彼女は3人を招き入れ、検査のあいだ脇に寄っていた。小さなスーツケースには役に立つものは何も見つからなかった。ふたつ目の大きなスーツケースを開けたブークが、叫び声を上げた。

一番上に、車掌の制服が丸めて置かれていた。

ポアロはさっそく詳しく調べ、銀のボタンがひとつなくなっていることを確認した。ポケットのなかをのぞくと、車掌用の鍵が入っていた。

ヒルデガルデの顔から血の気が引いた。

「わたしのじゃないわ！」彼女は叫んだ。「誓ってもいいです。どうしてここにあるのかわかりません！」

「大丈夫ですよ」とポアロが言って、彼女を落ち着かせた。「腰かけてください。あなたを信じています。あの制服があなたのものでないことはわかっています。ちょうどあなたが料理上手だってことがわかっているようにね」

ポアロはにっこりして、彼女が腰かけるとその腕を軽くたたいた。

「あなたは料理がお得意なんでしょう？」

困惑しつつも、少し落ち着きを取り戻して、彼女は微笑んだ。

"Yes," she said, "all my ladies have said so."

"Good," said Poirot. "Now, we'll take this uniform as evidence, but we know it's not yours. This is what happened: the murderer comes out of Ratchett's room. He runs into you. That is bad luck for him. He'd hoped that no one would see him. Now he must get rid of the uniform. What does he do next? He knows you have just left your room, so he goes in and leaves the uniform there."

That seemed to calm Hildegarde, so the three men left the room.

"Now we know the killer had a key as well! He could get in and out of any room he wanted," said Bouc.

"It certainly *appears* that way..." replied Poirot.

Lastly, they searched MacQueen's room, then the room shared by Masterman and Foscarelli. They found nothing. They were all wondering the same thing: where was the red dressing gown?

It had been a long afternoon, and the three men decided to take a short break before meeting in the dining car. Poirot went to his room to get his cigarettes. But as soon as he saw his suitcase, he stared in shock. *There, folded neatly on top of the suitcase, was the red dressing gown.*

"A challenge!" thought Poirot. "Very well, I accept!"

■**get rid of**（好ましくないものを）処分する　■**as well** おまけに　■**appear** 動 ～のように見える　■**very well** よろしい　■**challenge** 名（決闘などの）挑戦

「はい」彼女が言った。「お仕えした奥さまたちはみな、そのようにおっしゃいました」

「それはけっこうです」ポアロが言った。「それでは、この制服を証拠品として持って行きますが、あなたのものでないことはわかっています。つまりこういうことだったのでしょう——犯人がラチェットの部屋から出て来る。そしてあなたとぶつかる。男にとっては不運でした。誰にも目撃されたくなかったからです。そうなった以上、制服を脱がなくてはならない。では次にどうするか？　あなたが部屋を出たところだということを知っていた。それで、あなたの部屋に入り、制服を置いていったのです」

これを聞いて、ヒルデガルデが落ち着きを取り戻したようだったので、3人の男は部屋を去った。

「これで犯人は鍵も持っていたことがわかりました！　どの部屋にも好きなように出入りできたのです」ブークが言った。

「たしかにそう見えますが……」ポアロが返事した。

最後に、3人はマックィーンの部屋に行き、つづいてマスターマンとフォスカレリの部屋を調べた。何も見つからなかった。3人はみな同じことを考えていた——赤いガウンはどこに行ったのか？

長い午後だったので、3人は少し休憩してから、食堂車で話し合うことにした。ポアロは部屋に戻り、紙巻たばこを取り出そうとした。しかし、スーツケースを見たとたん、ぎょっとして目を見張った。スーツケースの上に丁寧にたたまれていたのは、赤いガウンだった。

「挑戦だ！」ポアロは思った。「よろしい。受けて立とう！」

覚えておきたい英語表現

> What brings you here, Mr. Hardman? (p128., 7行目)
> どうしてこの列車に乗っているのですか、ハードマンさん。

【解説】疑問詞Whatを主語にした無生物主語の疑問文です。Whatは「何が」、bring A Bで「AをBに運ぶ」ですから、この文を直訳すると「何があなたをここへ運んだのですか」となります。つまり「なぜここに来たのか？」という意味になるのです。

もちろんWhy did you come here?でも質問はできるのですが、Whyは驚きや怒りなどの感情を帯びることが多いため、場合によっては「来なくてもよかったのになんで来たの？」というニュアンスを暗示することがあります。ここではポアロが乗客一人一人に、客観的な立場から事情を聞いていますので、Why～よりもWhat brings～を用いたほうがよいのです。

英語ではこのようにwhatを用いて理由を尋ねる表現が多用されます。慣れていないと「理由」を質問されていることに気付きにくいので、ぜひマスターしましょう。

【例文】What makes you so happy?
なんでそんなに嬉しそうなの？（直訳：何が君をそんなにうれしくさせているの）

What makes you so angry?
なんでそんなに怒ってるの？（直訳：何が君をそんなに怒らせているの）

What makes you think so? なんでそのように考えるの？
（直訳：何が君にそのように考えさせるの）

What brings you here?
（受付などにて）どのようなご用件でしょうか？

It doesn't make sense!（p.152, 2行目）
どうも理解できない！

【解説】乗客に話を聞いた後、犯人の目星がつかないブックが言った言葉です。論理的につじつまが合わないことを「理解できない」という気持ちを表しています。

このmake senseは日常会話でとてもよく使われる表現です。使いこなせるとネイティブ度UP間違いなしです！　簡単な上に頻繁に使える表現です。ぜひマスターしてください。

make senseは…
- （表現・行動などが）理解できる
- （物事が）道理にかなっている
- （人が）道理にかなったことを言う・する

という意味です。例文でも覚えてみましょう。

Make sense?「分かります？」のように、疑問文同様、文末を上昇気味に言うだけです。簡単でしょう！　もっと丁寧に言いたい場合は、"Does it make sense?"と言えばOKです。

これをCan you understand?と言うと「（能力的に）君には理解できるかな？」と相手を小バカにしているように聞こえてしまう可能性があります。英語も日本語同様に生きた言葉ですから、場面に応じた適切な使い方も身につけていきましょう。

【例文】That makes a lot of sense.　それはもっともだ。

You are not making any sense!　あんたの言ってることめちゃくちゃよ！

It makes sense (to me).　（私はそれを）理解できた。

Make sense!　（理にかなった提案などに対して）それはいいね！

Murder on
the Orient Express

Part 3

Chapter 1
Certain Points

Bouc and Constantine were talking when Poirot entered the dining car. They both looked upset.

"This case is impossible!" said Bouc. "You will never be able to solve it."

"I disagree," said Poirot. "There are many telling points. You simply haven't been listening."

"What points are those?"

"For one, MacQueen said Ratchett does not speak any languages."

Bouc and Constantine stared.

"Don't you see? When the conductor answered Ratchett's bell, the voice that came from Ratchett's room *spoke French*. It was advanced French—nothing a man with a few simple phrases would know."

■disagree 動意見を異にする　■telling 形（証拠などが）有力な　■advanced 形洗練された

第1章
疑問点

　ブークとコンスタンチンが食堂車で話していると、ポアロが入って来た。ふたりとも沈み込んでいるようだった。
「この事件は手に余ります！」ブークが言った。「解決することなど不可能です」
「そうとは思えません」ポアロが言った。「有力なヒントがたくさんありますよ。あなた方はちゃんと聞いていなかっただけです」
「それはどういう点ですか？」
「ひとつ目は、マックィーンがラチェットは英語以外の言葉を話せないと言ったことです」
　ブークとコンスタンチンはポアロをじっと見つめた。
「わかりませんか？　車掌がラチェットのベルで呼ばれたとき、ラチェットの部屋から聞こえた返事はフランス語でした。それもこなれたフランス語でした——片言のフランス語しか知らない者には言えないでしょう」

"You're right!" cried Constantine. "So the voice must have been that of the murderer!"

"Well, now, let's not rush things," said Poirot. "A second telling point is that this train is unusually crowded for this time of year. We see that the Athens–Paris car is almost empty. So is the Bucharest–Paris car. It is only the Istanbul–Calais that is full. I believe this is important."

Bouc and Constantine looked at each other with similar confused expressions.

"There are several other points we need to clear up," continued Poirot. "One, the position of Mrs. Hubbard's sponge bag. Two, the name of Mrs. Armstrong's mother. Three, the owner of the handkerchief found in Ratchett's room. Four, Princess Dragomiroff's first name. And five, a dirty spot on a Hungarian passport."

"None of those things mean anything to me," said Dr. Constantine.

Bouc reached for Countess Andrenyi's passport.

"You mean this dirty spot?"

■rush things 事を急ぐ　■expression 图表情　■clear up （疑問などを）解決する
■spot 图しみ

「その通りです！」コンスタンチンが叫んだ。「だったら、その返事は犯人のものに間違いありません！」

「そうかもしれません、でも、急いで結論を出さないでおきましょう」ポアロが言った。「ふたつ目のヒントは、この列車がこの季節にしては、異常に混んでいることです。アテネ‐パリ間の車両はほとんど空です。ブカレスト‐パリ間の車両も同様です。イスタンブール‐カレー間の車両だけが満席なのです。これは重要なことです」

ブークとコンスタンチンは互いに見つめ合い、どちらも困惑した表情を浮かべた。

「ほかにも解明したい点がいくつかあります」ポアロがつづけた。「第1にハバード夫人の化粧ポーチの位置。第2にアームストロング夫人の母親の名前。第3にラチェットの部屋で発見されたハンカチの持ち主。第4にドラゴミロフ公爵夫人のファーストネーム。第5にハンガリー大使夫妻のパスポートのしみです」

「わたしには、それらのことがどんな意味を持つのかまったくわかりません」コンスタンチン医師が言った。

ブークはアンドレニ伯爵夫人のパスポートに手を伸ばした。

「このしみのことを言っているのですか？」

"Yes. Look at where that spot is—right at the beginning of the Countess's first name."

"It reads Elena Andrenyi," said Bouc.

"Correct. Now imagine if that spot was put there to cover up a letter. Say, for example, if the Countess's name was really Helena—the H would be covered by the spot and the small e could have been made into a large E easily."

"I see," said Constantine, "but why?"

"The lady's handkerchief found in Ratchett's room had the letter H on it," said Poirot.

"Ah! So we find the handkerchief, and in a hurry, she changes her name from Helena to Elena to hide the fact that the handkerchief was hers!"

"Again, you rush," said Poirot. "There are other details. Let me go back to Mrs. Armstrong's mother's name. We know she is the actress Linda Arden. However, that is a stage name. Linda Arden's real name was Goldenberg, and she had two daughters: Sonia Goldenberg, who married Colonel Armstrong, and a much younger daughter named Helena. What I'm suggesting, gentlemen, is that Helena Goldenberg married Count Andrenyi when he was working in Washington. She is Countess Andrenyi!"

■right at まさに〜のところ ■cover up すっかりおおう ■say 圖ほら ■detail 图細部 ■stage name 芸名

「そうです。しみのある場所を見てください——伯爵夫人のファーストネームの頭文字のところです」

「エレナ・アンドレニ（Elena Andrenyi）と書いてあります」ブークが言った。

「その通りです。ここで、そのしみが文字を隠すためにつけられたと想像してください。ほら、例えば、伯爵夫人の名前が実はヘレナ（Helena）だとしたら——Hをしみで隠して、小文字のeを簡単に大文字のEに変えることができるでしょう」

「なるほど」コンスタンチンが言った。「でも、どうしてですか？」

「ラチェットの部屋で発見された婦人用ハンカチにはHの文字がついていました」ポアロが言った。

「ああ！　ハンカチが発見されたので、急いで名前をヘレナからエレナに変え、ハンカチが彼女のものだという事実を隠したのですね！」

「また、急ぎすぎです」ポアロが言った。「ほかにも注意すべき点があります。アームストロング夫人の母親の名前に戻りましょう。彼女が女優のリンダ・アーデンであることはわかっています。しかしそれは芸名で、本名はゴールデンバーグです。そして彼女には娘がふたりいました。ひとりはソニア・ゴールデンバーグでアームストロング大佐と結婚しました。もうひとりはずっと年下で、ヘレナという名前です。わたしが言いたいのはこういうことです、みなさん。ヘレナ・ゴールデンバーグはアンドレニ伯爵と結婚した。伯爵がワシントンに駐在しているときです。つまり、彼女こそアンドレニ伯爵夫人だということです！」

"Incredible!" said Constantine.

"This explains why she would want to kill Ratchett and why she would change her name on her passport. But gentlemen, what's interesting is that the handkerchief is not hers."

"What on earth do you mean?" cried Bouc.

Bouc and Constantine were completely lost now.

"You shall see," said Poirot. "We'll start by asking the Countess to talk to us."

■incredible 形信じられない　■what on earth いったいぜんたい　■lost 形途方にくれた

「まさか！」コンスタンチンが言った。
「これでなぜ彼女がラチェットを殺したいと思ったか、なぜパスポートの名前を書き換えたか説明がつきます。しかし、みなさん、興味深いのは、ハンカチは彼女のものではないということです」

「いったいぜんたい、どういうことですか？」ブークが叫んだ。
いまや、ブークとコンスタンチンは、完全に途方に暮れていた。
「すぐにわかりますよ」ポアロが言った。「では、最初に伯爵夫人から話を聞きましょう」

Chapter 2
The Dirty Spot

Countess Andrenyi arrived in the dining car with the Count.

"Countess," started Poirot, "I believe you dropped this." He held out the handkerchief.

"That's not mine," said the Countess.

"Oh? I thought it was yours because it has your initial—the letter H."

The Count made a sudden movement, but the Countess held him back.

"I don't understand," said the Countess. "My initials are E.A."

"No, your name is Helena Goldenberg. You are the younger daughter of Linda Arden and sister to Sonia Armstrong."

Silence filled the dining car for a full minute.

"It's true, isn't it?" asked Poirot gently.

■hold out ～を差し出す ■hold someone back （人を）押しとどめる

第2章
パスポートのしみ

　アンドレニ伯爵夫人が伯爵に付き添われて食堂車に来た。
「伯爵夫人」ポアロが始めた。「これを落とされましたね」ポアロはハンカチを差し出した。
「わたしのものではありません」伯爵夫人が言った。
「ほう？　あなたのものだと思ったのですがね。あなたのイニシャルがありますから――Hの文字です」
　伯爵がいきなり体を動かしたが、伯爵夫人が押しとどめた。

「おっしゃっていることがわかりません。わたしのイニシャルはE・Aです」
「いいえ。あなたはヘレナ・ゴールデンバーグです。リンダ・アーデンの末のお嬢さんで、ソニア・アームストロングの妹さんです」
　沈黙が、まる1分、食堂車に訪れた。
「そうではありませんか？」ポアロが穏やかに訊いた。

Finally, the Countess replied in a clear voice, "Yes, it's true. I believe we better sit down and talk."

Once seated, the Countess began her story:

"I am Helena Goldenberg, and that man Ratchett was responsible for the deaths of my niece, my brother-in-law, and my sister. I have a strong motive for killing him. Then Ratchett is found murdered and we hear that a handkerchief with the letter H was found in his room. We felt I would be the main suspect, so my husband changed my passport to protect me. But we both swear to you that I never touched that man."

"I give you my word of honor," said the Count. "Helena took her sleeping medicine last night and slept until morning. I'm sorry we lied to you about her identity, but it was necessary."

Poirot was silent for a moment.

"What can you say about the handkerchief with the letter H?"

"It is not mine, I swear."

"If you want me to believe you, then you must help me," said Poirot.

"How?"

■better 助 ～したほうがよい　■niece 图めい　■brother-in-law 图義兄　■swear to ～に誓って言う　■give one's word of honor 名誉にかけて言う

ついに、伯爵夫人がはっきりとした声で答えた。「はい、その通りです。椅子にかけてお話ししたほうがよさそうですね」
　腰かけると、伯爵夫人は自分のことを語り始めた。
「わたしはヘレナ・ゴールデンバーグです。そしてあのラチェットという男はわたしの姪、義理の兄、そして姉の死を招いた張本人です。わたしには彼を殺す強い動機があります。そんなときラチェットが殺され、彼の部屋でHの文字がついたハンカチが見つかったと聞きました。わたしたち夫婦は、わたしが容疑者とみなされるのではないかと恐れました。そこで、夫がわたしを守るためにパスポートを書き換えました。でも、夫もわたしも、誓ってあの男に指1本触れたことはありません」

「名誉にかけて誓いますが」伯爵が言った。「ヘレナは昨夜、睡眠薬を飲んで、朝まで眠っていました。妻の身元について嘘を言って申し訳ありませんが、そうする必要があったのです」
　ポアロはしばらく黙っていた。
「Hのイニシャルの入ったハンカチについてはどう弁明されますか？」

「わたしのものではないと断言できます」
「わたしに信じてほしければ、助けてもらわなくてはなりません」ポアロが言った。
「どのようにして？」

"The reason for this murder lies in the Armstrong family's past. You must take me back into that past and tell me about the Armstrong household."

"But they're all dead!" Helena began to cry.

"Who was the nanny—the young woman who killed herself?"

"Susanne? Poor thing, she had nothing to do with it—"

"What was her nationality?"

"French."

"What was her last name?"

"I—I don't remember."

"What about the household nurse?"

"A woman named Stengelberg, I think."

"And your governess?"

"A large, middle-aged woman. She was Scottish, with bright red hair. She was a loud, rough woman. I remember being afraid of her."

"Her name?"

"Mrs. Freebody."

"Thank you, Countess," said Poirot. "You have told me everything I needed to know."

■take someone back into past（人を）過去へといざなう　■household 名一家　■nanny 名子守　■nationality 名国籍　■loud 形声の大きい　■rough 形気性の荒い

「今回の殺人の動機は、アームストロング一家の過去にあります。わたしを一家の過去にいざない、この一家について教えてください」

「でも、みんな死んでしまったわ！」ヘレナが泣き始めた。
「子守の名前は何でした——自殺した若い女性のことですが？」

「スザンヌ？　かわいそうに。彼女は事件になんの関係もなかった——」
「国籍は？」
「フランスです」
「姓はなんといいますか？」
「わたし——思い出せません」
「乳母の名前は？」
「シュテンゲルベルクという名前だったと思います」
「それでは、あなたの家庭教師は？」
「大柄の中年女性で、スコットランド人です。鮮やかな赤毛で、大声で気性の激しい人でした。とても怖かったのを覚えています」

「名前は？」
「フリーボディ夫人です」
「ありがとうございます、伯爵夫人」ポアロが言った。「知りたいことはすべて教えてくださいました」

Chapter 3
Princess Dragomiroff's Name

As soon as the Count and Countess left the dining car, the door opened and Princess Dragomiroff walked in.

"What a surprise!" said Bouc. "Please, what can we do for you, Princess?"

"I believe you have my handkerchief."

Puzzled, Bouc and Constantine looked at each other.

"Here it is," said Poirot, handing the handkerchief to her.

"But—but—your name is Natalia Dragomiroff," said Bouc. "Why the letter H?"

The Princess looked at him coldly.

"I am Russian. All my handkerchiefs are initialed in Russian characters. H is N in Russian."

Poirot shot a knowing look at his two friends.

■Here it is. ここにあります。どうぞ。　■hand 動 ～を手渡す　■character 名 文字
■shoot a look 視線を投げかける　■knowing 形 訳知り顔の

第3章
公爵夫人のファーストネーム

　伯爵夫妻が食堂車から出て行くと、ドアが開き、ドラゴミロフ公爵夫人がつかつかと入って来た。
　「驚きました！」ブークが言った。「どうぞこちらへ。どうなされました、公爵夫人？」
　「わたくしのハンカチをお持ちのようね」
　困惑して、ブークとコンスタンチンが目を合わせた。
　「ここにございます」ポアロが言って、ハンカチを夫人にわたした。
　「しかし——しかし——あなたのお名前はナタリア・ドラゴミロフではありませんか？」ブークが訊いた。「どうして、Hのイニシャルなのですか？」
　公爵夫人は冷たい目でブークを見つめた。
　「わたくしはロシア人です。わたくしのハンカチにはすべてロシア文字のイニシャルが入っています。ロシア語ではNをHと書きます」
　ポアロはふたりの友人に得意げな視線を送った。

"Excuse me for saying this, Princess, but how did your handkerchief end up in the dead man's room?" asked Poirot.

"I have no idea."

"How can we trust that you are not lying? You have lied to us before."

"You mean because I did not tell you that Countess Andrenyi was Helena Goldenberg?"

"Yes."

"Her mother was a great friend of mine, Mr. Poirot. I lied about who she was to protect her, and I would do it again."

With that, she took her handkerchief and left the room.

"Lies upon lies!" said Bouc after she was gone. "I can't believe how many liars are on this train."

"And there are many more!" said Poirot. "Let's talk to Mary Debenham again."

■end up in 最後に〜に行く ■have no idea 分からない ■liar 名 嘘つき

「失礼を覚悟で伺いますが、公爵夫人、どうしてあなたのハンカチが殺された男の部屋にあったのでしょうか？」ポアロが尋ねた。

「わかりませんわ」

「あなたが嘘をついてないと、どうして信じることができます？　前にも嘘をつかれていますからね」

「そうおっしゃるのは、アンドレニ公爵夫人がヘレナ・ゴールデンバーグだと言わなかったからですか？」

「その通りです」

「ヘレナの母親は、わたくしの大の親友でした、ポアロさん。あの娘の身元について嘘をついたのは、あの娘を守るためでした。そのためなら、何度でも嘘をつきますわ」

そう言うと、夫人はハンカチを手にして、部屋から出て行った。

「嘘の上塗りですな！」夫人が去るとブークが言った。「この列車にどれだけ嘘つきがいるのかわかったものじゃありません」

「いやいや、もっともっと出て来ますよ！」ポアロが言った。「もう一度、メアリ・デベナムと話しましょう」

Chapter 4
The Truth about Mary Debenham

When Mary arrived in the dining car, Poirot studied her appearance again. She was young and thin with dark hair and dark eyes. Everything about her was quiet—her voice, her style, her attitude. Yes, she was indeed the governess he was looking for.

"Miss Debenham," said Poirot as she sat down, "I know who you really are."

"What could you possibly mean?" she asked in her calm, quiet way.

"You were Helena Goldenberg's governess. You lived and worked in the Armstrong household for several years."

Her eyes grew wide, but she stayed silent.

"My friend," broke in Bouc, "what makes you think that?"

Poirot looked straight at Mary as he talked.

■appearance 名外見　■thin 形やせた　■possibly 副いったいぜんたい　■break in 話に割り込む

第4章
メアリ・デベナムの身元

　メアリが食堂車に到着すると、ポアロはもう一度、彼女の外見を観察した。若くてほっそりして、黒髪に黒い目。彼女の何もかも——彼女の声、口調、態度——が静かだった。そう、たしかに彼女こそ、ポアロが捜していた家庭教師だった。

　「デベナムさん」ポアロはメアリが座ると言った。「あなたの身元がわかりました」
　「いったい何をおっしゃっているのでしょう？」彼女はいつもの落ち着いて穏やかな態度で尋ねた。
　「あなたはヘレナ・ゴールデンバーグの家庭教師でした。数年間、アームストロング家に住んで働いていましたね」
　彼女は目を大きく開いたが、何も言わなかった。
　「友よ」ブークが割り込んだ。「何の根拠があるのですか？」
　ポアロは真っ直ぐにメアリを見つめ、話し始めた。

"Countess Andrenyi, or Helena Goldenberg, told me. She said her governess was a large, middle-aged, loud, Scottish lady—the exact opposite of Miss Debenham in every way. When I asked what her governess's name was, she said 'Freebody.' I'm aware there is a famous store in England called Debenham and Freebody. She said Freebody because it was the first name that came to her. She lied in this way to protect the identity of Mary Debenham."

"My God!" said Bouc.

"Mr. Poirot, you've said enough," said Mary. Tears were filling her eyes. "I must ask to be excused!"

She ran out of the dining car.

"Incredible," said Constantine. "I wouldn't be surprised if everybody on this train is connected to the Armstrongs!"

"How right you are!" said Poirot. "My guess is that the Italian was the Armstrongs' driver. Hildegarde Schmidt was the cook. The English valet was Colonel Armstrong's valet. The Swedish lady was the nurse. The game is over. Let's call everybody into the dining car. I have two different theories to share."

■opposite 形 正反対の　■in every way あらゆる点において　■be excused 失礼する　■theory 名 説

「アンドレニ伯爵夫人、つまりヘレナ・ゴールデンバーグが教えてくれました。彼女によると、家庭教師は大柄で、中年の、大声で話すスコットランド人女性です——すべてにおいて、デベナムさんと正反対でした。家庭教師の名前を訪ねると、彼女は『フリーボディ』と答えました。わたしは、イギリスに〈デベナム・アンド・フリーボディ〉という有名店があるのを知っています。彼女がフリーボディと答えたのは、最初に思い浮かんだ名前だったからです。彼女はこのような嘘をついて、メアリ・デベナムの身元がばれないようにしたのです」

　「そうだったのか！」ブークが叫んだ。

　「ポアロさん、もう十分です」メアリが言った。目に涙があふれていた。「失礼させていただきます！」

　メアリは食堂車から走って出て行った。

　「信じられない」コンスタンチンが言った。「この列車の乗客全員がアームストロング事件に関係していると聞いても驚きません！」

　「まさにその通り！」ポアロが言った「わたしの推理では、イタリア人はアームストロング家の運転手、ヒルデガルデ・シュミットは料理人、イギリス人の従者はアームストロング大佐の従者、スウェーデン人の婦人は乳母です。芝居は終わりです。みなさんを食堂車に呼びましょう。2通りの説を披露します」

Chapter 5
Two Solutions

All of the passengers on the Istanbul–Calais car gathered in the dining car. They all looked at Poirot with the same expression—a mixture of curiosity and concern. The conductor Pierre Michel stood in the back. When everybody was settled, Poirot started his speech.

"The death of Samuel Edward Ratchett, or Cassetti, has two possible solutions. I will explain both, and I will ask Mr. Bouc and Dr. Constantine which is the correct solution.

"You all know the facts. Mr. Ratchett was found stabbed this morning. He was last known to be alive at 12:40 last night, when he spoke to the conductor through the door. A watch found in his pocket had stopped at 1:15 a.m. Dr. Constantine put the time of death between midnight and 2 a.m. At 12:30 a.m. last night, the train stopped because of snow. After this time, *it was impossible for anyone to leave the train.*

■solution 名解決法 ■mixture 名混じり合い ■concern 名心配 ■settle 動腰を落ち着ける ■put 動 〜を…と見積もる

第5章
ふたつの解決法

　イスタンブール‐カレー間の車両のすべての乗客が、食堂車に集まった。みんなが同じ表情を浮かべてポアロを見つめた——好奇心と心配の混ざった表情。車掌のピエール・ミシェルは、うしろに立った。全員が席に着くと、ポアロが話し始めた。

　「サミュエル・エドワード・ラチェットつまりカセッティの死には、ふたつの解決法が考えられます。これから両方を説明しますので、ブーク氏とコンスタン医師にどちらが正しい解決法か判断をお願いしようと思います。
　みなさん全員が事実をご存知です。今朝、ラチェット氏が刺殺死体で発見されました。最後に生きていることが確認されたのは昨夜の12時40分で、ドア越しに車掌に返事をしています。ポケットのなかに入っていた時計は午前1時15分で止まっていました。コンスタンチン医師によると、死亡時刻は夜中の12時から午前2時のあいだとのことです。昨夜の12時30分、雪のため列車が止まりました。それ以後は誰であろうと列車を離れることは不可能でした。

"Mr. Ratchett knew he had an enemy. He described this enemy to Mr. Hardman, a private detective, as a small, dark man with a womanish voice. This man boarded the train at Belgrade or Vincovci by a door left open by Colonel Arbuthnot and Mr. MacQueen. He had a conductor's uniform that he wore over his clothes and a key that could open all doors. Ratchett had taken a sleeping medicine. The man stabbed Ratchett many times and left the room through the door that led to Mrs. Hubbard's room. He put the knife into Mrs. Hubbard's bag and lost a button on his uniform. Then he went out into the hall, threw his uniform into an empty room, and a few minutes later, left the train by the same door just as the train left Vincovci."

"But what about the watch?" asked Mr. Hardman.

"Yes, the watch. *Ratchett had forgotten to set it back one hour when we left Tzaribrod. It was actually 12:15 when Ratchett was stabbed.*"

There was a long silence. Then suddenly came a yell.

■describe 動 言い表す　■private detective 私立探偵　■just as ちょうど〜のとき
■yell 名 叫び声

ラチェット氏は自分に敵がいることを知っていました。私立探偵のハードマン氏に、敵の特徴を、小柄で、浅黒く、女のような声をした男だと教えています。この男はベオグラード駅かヴィンコヴチ駅で、アーバスノット大佐とマックィーン氏が開け放しにしておいたドアから列車に忍び込みました。そして、持ち込んだ車掌の制服を服の上から着ました。また、鍵も持っていて、どのドアも開けることができました。ラチェットは睡眠薬を飲んで眠っていました。男はラチェットを何度も刺し、部屋を出るときはハバード夫人の部屋に通じるドアを通りました。そのとき夫人の化粧ポーチに短剣を押し込み、制服のボタンをひとつ落としました。それから通路に出て、制服を脱いで誰もいない部屋に投げ込み、2、3分後には入ったときと同じドアから出て行きました。ちょうどそのとき、列車がヴィンコヴチ駅を発車しました」

「でも、時計をどう説明するのですか？」ハードマン氏が訊いた。
「はい、時計のことですね。ラチェットはツァーリブロッドを出るとき、時差を調整するために時計を1時間戻すのを忘れたのです。ですから、ラチェットが刺されたのは実際には12時15分でした」
　長い沈黙があった。すると突然、叫び声が上がった。

"No!" yelled Dr. Constantine. "It doesn't work. The train left Vincovci at 12:20. What about the French-speaking voice at 12:40? What about the pipe cleaner? And the handkerchief? There are many other points where this explanation does not work!"

"Then I will give you the second theory," said Poirot. "First, something Mr. Bouc said gave me an idea. He said that the train attracts people of all nations and classes. I agreed, and I thought of another place where such a mix of people can be together: America. Only in an American house might there be a mix of different classes and nations: an Italian driver, an English governess, a Swedish nurse, a French nanny, so on. That led me to guess the part of each person in the Armstrong household.

"My second interview with Mr. MacQueen made me suspect his involvement in the murder. When I mentioned the note mentioning the Armstrongs, he said, 'But surely—' and stopped himself. Then he said, 'I mean, that was rather careless of Ratchett.' It was a strange thing to say. It occurred to me that he was probably going to say, 'But surely that was burned!' MacQueen knew about the note—he was involved.

■explanation 图説明　■attract 動引き付ける　■so on などなど　■involvement 图関与

「いや、違う！」コンスタンチン医師が叫んだ。「つじつまが合いません。列車がヴィンコヴチ駅を発車したのは12時20分です。12時40分に聞こえたフランス語の声をどう説明するのですか？　パイプ・クリーナーのことは？　それにハンカチのことは？　いま聞いた説明には、ほかにも矛盾点がたくさんあります！」

「では、ふたつ目の解決法を話します」ポアロが言った。「まず、ブーク氏の発言から思いついたことがあります。彼は、列車はあらゆる国籍とあらゆる階級の人々を引きつけると言われました。わたしもそう思い、このように様々な人々が集まるところはほかにないかと考えました。それはアメリカです。異なる階級や国籍の人々が集まることができるのはアメリカの家だけでしょう。例えば、イタリア人の運転手、イギリス人の家庭教師、スウェーデン人の乳母、フランス人の子守などです。このことから、わたしはアームストロング一家における役をひとりひとりに当てはめてみました。

マックィーン氏との二度目の面接で、わたしは彼が殺人に関与していると疑いました。アームストロング家に触れた手紙の話をしたとき、彼は『しかし、そんなはずは——』と言って黙り込みました。そのあとで『つまり、ラチェットにしてはいささか不注意でしたね』とつづけました。そんなことを言うのは変です。おそらく彼は『しかし、そんなはずはない。燃やしたはずだ！』と言おうとしたのだと、私はふと思いました。マックィーンは手紙について知っていました——事件に関与していたのです。

"Then the valet. He said Ratchett always took sleeping medicine. That might be true, but would Ratchett have taken the medicine that night? He feared an attack, and I found a loaded gun under his pillow. Ratchett had wanted to be awake that night. So he must have been drugged without his knowledge. Only his valet or secretary could do that.

"Next, Mr. Hardman's evidence proved that no one from any other part of the train could have murdered Ratchett. He watched the hall all night and would have seen an outsider enter the car.

"Then there was the conversation I heard between Colonel Arbuthnot and Mary Debenham. I knew that they were very close but were acting like strangers for some reason.

"We come next to Mrs. Hubbard. She told us she couldn't see the door lock from her bed because her bag was hanging in front of it. She said she asked Miss Ohlsson to look for her. Her statement would have been true if she were in an *even*-numbered room, where the lock is *under* the door handle. But in the odd-numbered rooms, such as the No. 3 where she was, the lock is about a foot *above* the handle. I knew she was lying.

■loaded 形 弾丸を込めた ■drug 動 ~に薬を飲ませる ■without one's knowledge 知らない間に ■statement 名 供述 ■even-numbered 形 偶数の ■odd-numbered 形 奇数の

Chapter 5 Two Solutions

つぎにラチェットの従者です。ラチェットが睡眠薬をいつも飲んでいると言いました。それは事実かもしれませんが、あの夜、ラチェットは睡眠薬を飲んだでしょうか？　彼は攻撃を恐れていたし、枕の下に弾丸を込めたピストルがあったことからも、あの夜ラチェットは目を覚ましていたかった。だから、睡眠薬を飲んだとしたら、知らないうちに飲まされたに違いありません。それができたのは従者か秘書だけです。

　つぎに、ハードマン氏の証言から、ほかの車両から入り込んだ者がラチェットを殺せるはずがないことがはっきりしました。彼は通路を一晩中見張っていましたので、外部から誰かが侵入してくれば目撃したはずです。

　それから、わたしが耳にしたアーバスノット大佐とメアリ・デベナムの会話があります。ふたりはとても親密な関係なのに、なんらかの理由で他人同士のように振る舞っていることはわかっていました。

　つぎの証人はハバード夫人です。夫人は、化粧ポーチがドアの錠の前にかかっていたからベッドから錠が見えなかった、そこでオルソンさんに頼んで見てもらったと証言されました。夫人の部屋が偶数番号だったなら、証言通りだったでしょう。偶数番号の部屋では錠はドアの取っ手の下についていますからね。ところが、夫人がおられた3号室のような奇数番号の部屋では、錠は取っ手の30センチほど上についています。ですから、夫人が嘘を言われていることがわかりました。

第5章 ふたつの解決法

"Now we come to the most interesting point of the case: The time. A watch was found stopped at 1:15 in Ratchett's pajama pocket. But a pocket is a strange and uncomfortable place to put a watch before bed, especially since there is a 'watch hook' nearby. I knew the watch must have been placed as false evidence to point to a time when every person on the train had a strong alibi. So, if the murder *did not* occur at 1:15, when did it occur?

"At twenty minutes to one, I heard someone cry out from Ratchett's room. But of course Ratchett was drugged and asleep. He couldn't have cried out! Then someone in Ratchett's room speaks French to the conductor—but Ratchett can't speak French. Suddenly, I realized this was all an act to fool me! In case I wasn't clever enough to know that the voice from Ratchett's room couldn't have been Ratchett, MacQueen pointed out to me that Ratchett couldn't speak French! Very well done. The act worked—I heard the cry in the night, I looked out into the hall, and I saw the lady in the red dress. I became a witness in a false crime that was created to cover up the real murder.

■uncomfortable 形 心地が悪い ■watch hook 時計かけ ■false 形 虚偽の ■fool 動 だます ■witness 名 証人 ■cover up 隠す

さて、この事件の最も興味深い点に触れましょう。それは時刻です。ラチェットのパジャマのポケットから発見された時計は、1時15分で止まっていました。しかし、寝る前にポケットに時計を入れるのは奇妙ですし、寝心地がよくないでしょう。しかも、すぐそばに時計用のフックがあるのです。わたしには、時計が虚偽の証拠としてパジャマのポケットに入れられことはわかっていました。列車に乗っている全員に強力なアリバイのある時刻を指すために必要だったのです。では、犯行時刻が1時15分でないのなら、いつだったのでしょう？

　12時40分に、わたしはラチェットの部屋で誰かが叫ぶ声を聞きました。しかし、もちろん、ラチェットは薬を飲まされて眠っていました。彼が叫べるはずがありません！　そこで、ラチェットの部屋にいた誰かが、フランス語で車掌に返事したのです――しかし、ラチェットはフランス語を話せません。突然、わたしは気づきました。これはすべて、わたしを欺くための芝居だということに！　わたしの頭が回らず、ラチェットの部屋から聞こえた声が本人の声であるはずがないことに気づけなかった場合にそなえて、マックィーンはわたしに、ラチェットはフランス語を話せなかったと指摘しました！　とても巧妙でしたね。芝居はうまくいきました――わたしは夜に悲鳴を聞き、通路をのぞき、赤いガウンの女性を見ました。わたしは本当の殺人を隠すために仕組まれた偽の犯罪の証人になったわけです。

第5章 ふたつの解決法

"At 1:15, I believe Ratchett was still drugged and asleep. I believe the murder occurred *after* all the activity died down, around 2 a.m. So, who did it?"

Every pair of eyes was fixed on Poirot. Everyone was absolutely silent.

"It was curious to me that anybody who might be connected to the murder had an alibi given by an *unlikely* person," continued Poirot. "Mr. MacQueen and Colonel Arbuthnot—two people who seemed unlikely to have met each other before—gave alibis for each other. Same with the English valet and the Italian, the young English woman and the Swedish nurse. I said to myself, 'This is incredible—they cannot *all* be in it!'

"And then, ladies and gentlemen, I saw the light. *They were all in it!* For so many people connected with the Armstrong family to be traveling on the same train at the same time was not only unlikely, it was impossible. It was not by chance, it was *planned.*

■die down （活動などが）しだいに収まる　■fix on 〜に釘づけになる　■absolutely 副 完全に　■unlikely 形 思いもよらない、ありそうにない

午前1時15分には、ラチェットは睡眠薬を飲まされまだ眠っていたはずです。殺人が起こったのは、すべての活動が終わったあとの午前2時ごろでしょう。では、犯人は誰でしょう？」
　すべての目がポアロに釘づけになった。誰もひとこともしゃべらなかった。
　「奇妙だったのは、殺人に関与した可能性のある人のアリバイが、思いもよらない人に証明されたことでした」ポアロがつづけた。「マックィーン氏とアーバスノット大佐――以前に会ったことがないように見えるふたりが――互いのアリバイを証言しました。同じことが、イギリス人従者とイタリア人にも、若いイギリス人女性とスウェーデン人の看護師にも言えます。わたしは自分に言いました。『信じられない――全員が事件に関係しているはずがない！』と。

　ところがみなさん、わたしは光明を見出しました。全員が関係していたのです！　アームストロング家に関係する人たちが、同じ列車に、同じ時刻に乗り合わせるなどということは、あり得ませんし、不可能です。これは偶然ではなく、計画されていたのです。

"There are twelve passengers aside from myself and the conductor. Ratchett was stabbed twelve times. It was the perfect act, each actor playing his or her part. It was planned that if any one person was suspected more than the others, enough evidence was given to clear the accused person and confuse the issue. Hardman's evidence was necessary in case some outside person were to be suspected.

"This explained everything. The different nature of the wounds—some strong, some weak. Hardman's story of being hired by Ratchett was a lie. It explained the woman in red—just another false piece of evidence. It explained the small, dark man with a womanish voice. He did not exist, and his description was carefully created to not endanger any of the real Wagon Lit conductors.

"I believe all twelve of the passengers entered Ratchett's room in turn and struck! They themselves would never know which blow actually killed him.

■aside from 〜に加えて ■issue 图問題点 ■nature 图特徴 ■endanger 動 〜を危険にさらす ■in turn 順番に

わたしのほかに乗客が12人と車掌がひとり。ラチェットは12か所を刺されていました。これは完璧な芝居でした。それぞれの役者が自分の役割を演じました。誰かひとりに疑いがかかっても、十分な証拠を示してその人の疑いを晴らし、問題を混乱させるように仕組まれていました。ハードマンの証言は、誰か外部の人に嫌疑がかかった場合に必要でした。

　この解決法で、すべての説明がつきます。傷の様々な特徴——あるものは強く、あるものは弱く刺されていたこと——を説明できます。ラチェットに雇われたというハードマンの話は嘘でした。また、赤いガウンの女性の説明もつきます——これも偽装工作でした。また、小柄で、浅黒く、女のような声をした男の説明もつきます。そんな男は存在しなかったのです。男の特徴も、本物の寝台車車掌の誰にも嫌疑がかからないように慎重に考え出されたものです。
　わたしの考えでは、乗客の12名全員がラチェットの部屋に順番に入り、刺したのです！　どの一撃が致命傷になったのか、当人たちにはけっしてわからないでしょう。

"With no connection to the Armstrong family, nobody on the train would have been suspected. The police would assume it was an outside job, with the 'murderer' slipping off the train at the next stop. However, the letter was not completely destroyed, and the train ran into heavy snow. To deal with these issues, I believe the group decided to confuse the issue even further. They placed two clues—the colonel's pipe cleaner and the princess's handkerchief—in the room. These two people were chosen because they seemed the least connected to Ratchett. The princess, especially, is small and weak—an unlikely suspect for a murder that required physical strength.

"There was one more change to the plan—if Countess Andrenyi was discovered to be the sister of Sonia Armstrong, she would become the prime suspect for the murder. So the group agreed that the Countess would *not* participate in the murder. But because the handkerchief with the 'H' would be placed in Ratchett's room, it would be safer to change the Countess's name from Helena to Elena. Her husband quickly changed her passport. In this way, the Countess would now have no connection to the dead man or the clues in his room.

■assume 動推測する　■slip off こっそり立ち去る　■deal with ～に対処する
■physical strength 体力　■prime 形第一の　■participate 動参加する

アームストロング家とのつながりが判明しなければ、列車に乗っている者は誰ひとり疑われることはなかったはずです。警察は、外部の者の犯行で、『殺人者』は次の駅でこっそり降りたと推定したでしょう。しかし、脅迫状を完全には処分できず、列車は雪だまりに突っ込んでしまいました。これらの問題に対処するため、共犯者たちは問題をさらに混乱させることにしました。そしてふたつの手がかり——大佐のパイプ・クリーナーと公爵夫人のハンカチ——をラチェットの部屋に置きました。このふたりが選ばれたのは、どちらもラチェットとの関係が極めて薄いように見えたからでした。特に、公爵夫人は小柄で弱々しく、体力が必要な殺人の容疑者になりそうもありませんでした。

　計画にはもうひとつ変更がありました——アンドレニ伯爵夫人がソニア・アームストロングの妹だと発覚したら、この殺人の第1容疑者とみなされるでしょう。そのため、共犯者たちは伯爵夫人を殺人に加担させないことに同意しました。しかし、Hのイニシャルのついたハンカチがラチェットの部屋に置かれることになったので、伯爵夫人の名前をヘレナからエレナに変えるほうが安全でした。伯爵はすぐに夫人のパスポートを書き換えました。こうしておけば、伯爵夫人は殺された男や部屋に残された手がかりとまったく関係がないことになります。

第5章 ふたつの解決法

"The Countess was the only person who did not enter Ratchett's room last night. But that gives us only eleven wounds—who was the last?

"It was, of course, the conductor. In the first place, the conductor had to be involved for such a plan to work. But how could he be connected to the Armstrong family? He lived in France and was a long-time Wagon Lit employee. Then I remembered the French nanny who had killed herself. Could Pierre Michel be her father? That would explain everything—including why the murder took place on this train.

"Colonel Arbuthnot was probably a friend of the Armstrongs. I believe Hildegarde was actually the cook of the household. I said I knew she was a good cook, and she replied, 'Yes, all my ladies have said so.' This was a trap. Lady's maids don't cook—it's not part of the job. Then there was Hardman. He didn't seem connected at all to the Armstrongs. I imagined that perhaps he had been in love with the French nanny. I mentioned how lovely French girls were, and his eyes filled with tears. He tried to blame it on the brightness of the snow. MacQueen, of course, was involved in the legal proceedings of the case and was a friend of Sonia Armstrong.

■kill oneself 自殺する ■take place 実施される ■trap 図罠 ■mention 動 ～のことを話に出す ■blame 動 ～のせいにする ■legal proceeding 訴訟手続き

昨夜、伯爵夫人のみがラチェットの部屋に行きませんでした。しかし、そうであれば傷は11か所になるはずです——12番目の傷は誰がつけたのでしょう？

　もちろん、車掌です。そもそも、このような計画を成功させるには車掌が関与する必要がありました。しかし、車掌とアームストロング家のあいだにどのような関係があったのでしょう？　彼はフランスに住んでいて、長いあいだ寝台車会社に勤めています。そのとき、わたしは自殺したフランス人の子守のことを思い出しました。ピエール・ミシェルは子守りの父親ではないか？　そうすると、何もかも合点がいきます——殺人がこの列車で行われた理由も納得できます。

　アーバスノット大佐は、おそらくアームストロング家と親しくしていたのでしょう。ヒルデガルデは、本当は一家の料理人だったのだと思います。わたしが彼女に料理は得意ではないかと訊くと、『はい、お仕えした奥さまたちはみな、そのようにおっしゃいました』という答えが返ってきました。わたしは罠をかけたのです。女主人の身のまわりの世話をするメイドは料理をしません——メイドの仕事ではないからです。さて、ハードマンについてはどうでしょう。アームストロング家とつながりがあるようにはまったく思えません。そこでわたしは、フランス人の子守娘の恋人だったのではないかと想像しました。わたしがフランス娘はとても愛らしいと言うと、彼は目に涙をためていました。もっとも、雪のまぶしさのせいにしていましたがね。マックィーンはもちろん、この事件の訴訟手続きに携わっていましたし、ソニア・アームストロングの友人でもありました。

第5章 ふたつの解決法　　215

"That left Mrs. Hubbard. She played the most important part. She was loud but helpless, always causing trouble, always creating a distraction. For her part, a true artist would be needed, a professional actress. And there was an actress in the Armstrong family—Mrs. Armstrong's mother—Linda Arden..."

He stopped.

Then, in a soft, rich voice quite unlike the one she had used throughout the journey, Mrs. Hubbard said, "I always liked playing funny characters.

"That mistake about the bag on the door handle was stupid of me," she went on. "It shows you should always rehearse properly. We tried it on the way out. I was in an even-numbered room then, I suppose. I never even thought about the position of the locks."

She looked straight at Poirot.

"You're right, Mr. Poirot. But you can't imagine our pain and sadness that day that Cassetti was let go. Arbuthnot was there too. He was John Armstrong's best friend.

"He saved my life in the war," said Arbuthnot.

■helpless 形 頼りない　■distraction 名 注意をそらすもの　■stupid 形 愚かな
■rehearse 動 〜のリハーサルをする　■try ~ out 〜を試してみる

残るはハバード夫人です。夫人は最も重要な役割を果たしました。騒々しいわりには頼りなくて、いつも問題を起こし、いつもわれわれの注意を逸らしていました。この役割には、演技の名人が必要でした。プロの女優です。そして、アームストロング家には女優がいました——アームストロング夫人の母親——リンダ・アーデンが……」

　ポアロは口を閉じた。
　すると、やわらかく豊かな声、これまで旅のあいだ使っていたのとはまったく違う声で、ハバード夫人が言った。「わたし、いつも喜劇をやりたいと思っていましたの」
「ドアの取っ手にかけた化粧ポーチのことで失敗するなんて愚かでしたわ」夫人がつづけた。「リハーサルはいつもきちんとするべきだということですね。イスタンブールに向かう列車で試してみました。そのときは偶数番号の部屋にいたと思うの。錠の場所のことなど考えたこともありませんでした」
　夫人がまっすぐにポアロを見つめた。
「あなたの言われる通りです、ポアロさん。でも、あなたにはカセッティが無罪になった日のわたしたちの苦しみと悲しみは理解できないわ。アーバスノットさんもその場におられました。大佐はジョン・アームストロングの親友でした」
「戦場で、わたしの命を救ってくれたのです」アーバスノットが言った。

"We decided then that we would get justice. It took a long time to make it happen—tracking down Ratchett, getting Masterman and MacQueen to be his employees—but it all came together perfectly.

"If you are to blame someone, blame only me," she said, her voice firm. "I would have stabbed that man twelve times willingly. It wasn't just Daisy. There were other children before her, and perhaps more in the future. Cassetti should have been put away. Don't drag the others into it. The Colonel and Mary—they're in love. They have their whole lives ahead of them…"

Poirot looked at his friend.

"You are the director of the company, Mr. Bouc," he said. "What do you think?"

"In my opinion," said Bouc, "your first theory is correct."

"I agree," said Dr. Constantine. "That is the solution we will tell the police."

"Then," said Poirot, "I believe my work here is done."

■track down ～を見つけ出す　■put away 殺す　■drag 動 ～を引きずり込む
■done 形 終わった

「あのときわたしたちは、正義の制裁をくだそうと決心しました。実行に移すまでに長い時間がかかりました——ラチェットの行方を突き止め、マスターマンとマックィーンを使用人として送り込みました——でも、すべて完全にうまくいっていたのです。

誰かに罪を負わせるのでしたら、わたしひとりの犯行にしてください」夫人がきっぱりと言った。「あの男が相手なら、12回ぐらい進んで刺してやったでしょう。デイジーだけじゃないのです。あの子の前にもほかの子どもたちが殺され、その後も繰り返されたことでしょう。カセッティは葬り去られるべきだったのです。ほかの人たちを巻き添えにしないでください。大佐とメアリは——愛し合っています。ふたりにはこれからの人生があるのです……」

ポアロは友人を見つめた。

「あなたはこの会社の重役です、ブークさん」ポアロが言った。「ご意見を伺いたいのですが？」

「わたしの意見を申し上げるなら」ブークが言った。「あなたの最初の説が正しいと思います」

「賛成です」コンスタンチン医師が言った。「われわれはこの解決法を警察に知らせましょう」

「それでは」ポアロが言った。「わたしの仕事はこれで終わりです」

第5章 ふたつの解決法

覚えておきたい英語表現

> So is the Bucharest–Paris car. (p.178, 6行目)
> ブカレスト–パリ間の車両も同じです。

【解説】日本語でも「Aは○○だ。Bもそうだ」と言う場合があるように、英語にも同じ表現を繰り返さずに伝えるための表現がいくつかあります。このSoを用いた表現もその一つです。

　直前の文、"〜the Athens–Paris car is almost empty."の主語であるAthens–Paris carを、the Bucharest–Paris carに変えて表現すればよいのですが、2回も〜is almost emptyを述べるのは少し面倒です。

　そこで「So+動詞+主語」で、前の文を受けて「○○も同様だ」の意味を表します。この「動詞」には一般動詞の場合do(does/did)、be動詞であれば主語に応じたbe動詞、助動詞であればその助動詞を用います。説明よりも例を見た方が分かりやすいでしょう。

【例文】 "I want something to drink."　　　何か飲み物が欲しいなぁ。
　　　　　"So do I."　　　　　　　　　　　　私も何か飲みたい。
　　　　　↑一般動詞wantを受けているのでdoを使っている。

　　　　　"I'm fed up with his complaints."　彼の愚痴は聞き飽きたよ。
　　　　　"So am I."　　　　　　　　　　　　私も。
　　　　　↑be動詞を受けているのでamを使っている。

　日常会話で便利に使える表現ですから、ぜひ覚えて使ってみてください。ちなみにsoは非常に多義な単語です。簡単な英単語ほどたくさん意味を持っていると言われますが、soもその一つです。私は日頃、このsoを、「soは"そう"と覚えておくと便利だよ」と教えています。「そのように」「そんなに(とても/非常に)」「そう(いうふうに)」「それで」などです。どうでしょうか？

> None of those things mean anything to me. (p.178, 16行目)
> 私にはこれらのことがどんな意味を持つのかさっぱり分かりません。

【解説】 疑問点を振り返ったコンスタンチン医師が述べた言葉です。None of～で「～のうち何一つ（誰一人）として…でない」という意味を表します。コンスタンチン医師の言葉をフレーズ毎に訳してみると以下のようになります。

～のうち一つも…ない	これらのこと	～を意味する	何かを	私にとって
None of	/ those things	/ mean	/ anything	/ to me.

None of～が主語に当たる部分で、meanが動詞ですから直訳すると「一つも…ないが～を意味する」となってしまい、少しややこしいです。英語ではこのように否定の言葉が主語や目的語になる文が多く使われます。

日本語にはこのように否定語が主語や目的語になる表現はありませんから、いちいち頭の中で日本語に変換していたらややこしくなります。例文を覚えて英語特有の「否定語が主語や目的語になる文」に慣れましょう！

【例文】 None of the students have finished their homework.
学生たちは誰一人宿題をやってきていなかった。

None of the shops were open.
どの店も開いていなかった。

Nothing bad happened.
何も悪いことはおきなかった。

No one knows who he is.
彼が誰なのか知る者はいない。

I know nothing about him.
彼に関することは何も知らない。

Her presentation contained nothing new.
彼女の発表には何も新しいことは含まれていなかった。

E-CAT

English **C**onversational **A**bility **T**est
国際英語会話能力検定

● **E-CATとは…**
英語が話せるようになるためのテストです。インターネットベースで、30分であなたの発話力をチェックします。

www.ecatexam.com

iTEP

● **iTEP®とは…**
世界各国の企業、政府機関、アメリカの大学300校以上が、英語能力判定テストとして採用。オンラインによる90分のテストで文法、リーディング、リスニング、ライティング、スピーキングの5技能をスコア化。iTEP®は、留学、就職、海外赴任などに必要な、世界に通用する英語力を総合的に評価する画期的なテストです。

www.itepexamjapan.com

[IBC対訳ライブラリー]
英語で読むオリエント急行殺人事件

2015年10月4日　第1刷発行
2022年8月8日　第6刷発行

原著者　　アガサ・クリスティー

発行者　　浦　晋亮

発行所　　IBCパブリッシング株式会社
　　　　　〒162-0804 東京都新宿区中里町29番3号 菱秀神楽坂ビル
　　　　　Tel. 03-3513-4511　Fax. 03-3513-4512
　　　　　www.ibcpub.co.jp

印刷所　　株式会社シナノパブリッシングプレス
CDプレス　株式会社ケーエヌコーポレーションジャパン

© Agatha Christie Limited 1934
© IBC Publishing, Inc. 2015

Printed in Japan

落丁本・乱丁本は、小社宛にお送りください。送料小社負担にてお取り替えいたします。
本書の無断複写（コピー）は著作権法上での例外を除き禁じられています。

ISBN978-4-7946-0376-0